Minoicos

Una guía fascinante de una sociedad esencial de la Edad de Bronce en la antigua Grecia llamada la civilización minoica

© Copyright 2021

Todos los derechos reservados. Ninguna parte de este libro puede ser reproducida de ninguna forma sin el permiso escrito del autor. Los revisores pueden citar breves pasajes en las reseñas.

Descargo de responsabilidad: Ninguna parte de esta publicación puede ser reproducida o transmitida de ninguna forma o por ningún medio, mecánico o electrónico, incluyendo fotocopias o grabaciones, o por ningún sistema de almacenamiento y recuperación de información, o transmitida por correo electrónico sin permiso escrito del editor.

Si bien se ha hecho todo lo posible por verificar la información proporcionada en esta publicación, ni el autor ni el editor asumen responsabilidad alguna por los errores, omisiones o interpretaciones contrarias al tema aquí tratado.

Este libro es solo para fines de entretenimiento. Las opiniones expresadas son únicamente las del autor y no deben tomarse como instrucciones u órdenes de expertos. El lector es responsable de sus propias acciones.

La adhesión a todas las leyes y regulaciones aplicables, incluyendo las leyes internacionales, federales, estatales y locales que rigen la concesión de licencias profesionales, las prácticas comerciales, la publicidad y todos los demás aspectos de la realización de negocios en los EE. UU., Canadá, Reino Unido o cualquier otra jurisdicción es responsabilidad exclusiva del comprador o del lector.

Ni el autor ni el editor asumen responsabilidad alguna en nombre del comprador o lector de estos materiales. Cualquier desaire percibido de cualquier individuo u organización es puramente involuntario.

Índice

INTRODUCCIÓN 1
CAPÍTULO 1 - ¿DÓNDE Y CUÁNDO VIVIERON LOS MINOICOS? 3
CAPÍTULO 2 - HISTORIA CONOCIDA DE LOS MINOICOS ANTES DE LOS MICÉNICOS..6
CAPÍTULO 3 - SOCIEDAD, CULTURA Y VIDA COTIDIANA....................12
CAPÍTULO 4 - COMERCIO Y CONSTRUCCIÓN NAVAL EN EL MAR MEDITERRÁNEO 23
CAPÍTULO 5 - LENGUAJE Y LINEAL A..30
CAPÍTULO 6 - LOS POSIBLES PREDECESORES DE LA RELIGIÓN GRIEGA 34
CAPÍTULO 7 - ARTE 45
CAPÍTULO 8 - ARQUITECTURA..64
CAPÍTULO 9 - TEORÍAS SOBRE EL COLAPSO DE LA CIVILIZACIÓN...71
CONCLUSIÓN - ¿DÓNDE ESTÁN AHORA?..76
VEA MÁS LIBROS ESCRITOS POR CAPTIVATING HISTORY 79
BIBLIOGRAFÍA..80

Introducción

Los minoicos siguen siendo un tema intrigante para el público moderno porque son como un rompecabezas al que le falta la mitad de sus piezas. Todos tienen una idea aproximada de cómo podría ser, pero podría haber sorpresas en las que nadie piense porque todos los rastros de la imagen han desaparecido. Para los arqueólogos, historiadores, turistas, estudiosos, aficionados a la mitología y estudiantes del mundo antiguo, los minoicos son este rompecabezas roto.

Los minoicos fueron una antigua civilización que construyó sus asentamientos en islas del mar Egeo. Vivieron hace casi 5.000 años y dejaron atrás rastros de sus vidas, pero no los suficientes para que la gente creara un cuadro completo. Desde principios del siglo XX, los minoicos han sido objeto de interés gracias a los descubrimientos y excavaciones de Sir Arthur Evans, un arqueólogo británico que encontró las primeras ruinas minoicas y les dio el nombre del mitológico rey Minos y su Minotauro. Evans fue capaz de acceder casi en exclusiva a las tierras del gobierno cretense para la excavación, pagando por ella con fondos generados por sus partidarios en 1900. Él y su equipo desenterraron el enorme complejo palaciego de

Cnosos, uno de los sitios de excavación arqueológica más famoso de la historia[1].

A partir del trabajo de Evans y otros, el rompecabezas de los minoicos ha ido ganando poco a poco más piezas. A través del estudio de la cultura material, el público moderno sabe ahora bastante sobre técnicas artísticas, temas favoritos, moda, vida cotidiana, roles de género, y con quién comerciaban los minoicos. Un observador puede decir que los minoicos fueron una civilización mercantil marítima, que construyeron magníficos centros urbanos, y que tenían una forma de escritura. Sin embargo, mucho sigue siendo un misterio. Nosotros, como cultura global, casi no tenemos idea de la historia minoica.

¿Quiénes eran sus enemigos?

¿Lucharon con sus vecinos?

¿Tenían grandes monarcas y nobles?

¿Quién era la diosa serpiente en sus esculturas?

¿Realmente practicaban el sacrificio humano?

¿Eran las mujeres las verdaderas líderes de la religión?

¿Qué era el salto de toro?

Tal vez lo más importante: ¿Qué catástrofes debilitaron tanto a la civilización que fueron invadidas por sus vecinos militaristas en la Grecia continental?

Este volumen es menos una historia y más una interpretación y descripción de los hallazgos arqueológicos basados en los testimonios e investigaciones de cientos de estudiosos en el campo. Basándose en la información contenida aquí, ¿cómo cree usted, el lector, que eran los minoicos?

---

[1] Rodney Castledon, *Minoans: Life in Bronze Age Crete*, Routledge: Philadelphia, 1993.

Capítulo 1 - ¿Dónde y cuándo vivieron los minoicos?

Los minoicos fueron una de las civilizaciones de la Edad de Bronce del Egeo que vivieron en islas como Creta y otras masas de tierra en el mar Egeo. Eran un pueblo marinero que construyó sus asentamientos en una serie de pequeñas islas cerca de la actual Grecia, y la evidencia indica que viajaron a través de todo el mar Mediterráneo para comerciar con las culturas cercanas. Los minoicos vivieron desde alrededor del 2700 a. C. hasta aprox. 1100 a. C. Cuando se trata de años, la designación a. C significa "antes de la Era Común", o antes del año contemporáneo 1 en el calendario gregoriano moderno. Por lo tanto, los minoicos habrían vivido hace casi 5.000 años.

La Edad de Bronce fue un período en el desarrollo humano donde las civilizaciones fueron capaces de crear armas y herramientas de bronce. Otros requisitos para ser considerada una civilización de la Edad de Bronce eran poseer alguna forma de escritura, así como la civilización urbana. Para crear el bronce, los minoicos habrían sido capaces de fundir el cobre y la aleación con otros metales como el estaño y componentes como el arsénico. Los minoicos fueron en realidad una de las primeras civilizaciones en dominar la capacidad no solo de crear bronce, sino también de comercializarlo con otras civilizaciones que no podían extraer los materiales necesarios.

Según Homero, los minoicos supuestamente construyeron 90 asentamientos en la isla de Creta y numerosos pueblos en las pequeñas islas cercanas. Los arqueólogos han encontrado pruebas concretas de la civilización minoica solo en Creta y en un grupo de islas cercanas originalmente llamado Thera, ahora conocido como Santorini. Creta es, de lejos, la más significativa de las dos áreas porque la mayoría de los artefactos minoicos supervivientes han sido encontrados en grandes sitios como Cnosos, que los arqueólogos creen que fue la capital de la civilización minoica[2]. Aunque pequeña, hay pruebas que indican que la población de Cnosos creció rápidamente y atrajo a la élite social y cultural minoica. Se estima que la población de la ciudad era de 1.300 a 2.000 habitantes en el 2500 a. C., 18.000 en el 2000 a. C., 20.000 a 100.000 en el 1600 a. C. y 30.000 en el 1360 a. C.

Numerosos artefactos provienen de estructuras de palacios minoicos que lograron sobrevivir al clima mediterráneo, a los ataques de los enemigos, e incluso a un tsunami que devastó partes de Creta durante el final de la era minoica. Los palacios tendían a ser estructuras masivas de piedra con múltiples habitaciones para almacenamiento, registro y habitación. Otros sitios importantes para la información y los artefactos son las cuevas donde se han descubierto objetos del culto ritualista, así como aldeas que contenían fragmentos de cerámica. Algunos de los lugares más significativos para la información minoica, además de Cnosos, son Festo, Agia Triada, Vasiliki, Arkalochori y Akrotiri.

Algunas de las personas con las que los minoicos comerciaban e interactuaban eran los egipcios, las civilizaciones de la Grecia continental, las sociedades del Levante, los pueblos de Anatolia y, potencialmente, las civilizaciones de Europa oriental en lugares como

---

[2] Ibíd.

la Rumanía contemporánea. Muchos minoicos pasaron su vida en el mar, viajando, pescando y comerciando. A diferencia de otras civilizaciones antiguas, los minoicos no necesitaban un gran ejército permanente porque estaban rodeados de agua por todos lados y no había muchas armadas poderosas en la región. En cambio, los minoicos se mantenían a salvo apuntalando sus barcos y protegiéndose de los piratas.

Excavaciones

Un gran problema al estudiar una civilización tan antigua como los minoicos es que los registros eran escasos y lo que existía ha sufrido miles de años de erosión y devastación. Los minoicos, en particular, eran un grupo pequeño que no guardaba muchos registros, y aunque tenían el sistema de escritura, el lineal A, los documentos existentes actualmente no están traducidos y son ininteligibles. Aún peor, sus islas natales fueron golpeadas por varios desastres, incluyendo una masiva erupción volcánica y un tsunami, así como la conquista de sus vecinos en la Grecia continental, los micénicos.

Para obtener información sobre la civilización, los arqueólogos y otros profesionales excavan sitios significativos para encontrar artefactos e información preservada. Luego necesitan usar la lógica y la evidencia para reconstruir quiénes pudieron haber sido los minoicos, cómo vivían y su estructura social general. Aunque actualmente hay docenas de diferentes sitios de excavación a lo largo de los mares Egeo y Mediterráneo, los más importantes están en Creta y Santorini, que se llamaba Thera, nombre que se encuentra en antiguos registros de los micénicos y los antiguos griegos.

Desde estos sitios, arqueólogos, historiadores y otros estudiosos han logrado reconstruir una imagen coherente de los minoicos, aunque todavía existen grandes lagunas en el conocimiento.

Capítulo 2 - Historia conocida de los minoicos antes de los micénicos

Los minoicos fueron una antigua civilización que se remonta a miles de años atrás si se considera a los humanos originales que se establecieron en Creta. Los humanos han estado viviendo en y alrededor del mar Mediterráneo por más de 130.000 años, que es cuando los científicos especulan que los primeros homínidos llegaron a lugares como Creta. Se cree que los primeros humanos modernos evolucionaron alrededor de 10.000 o 12.000 años a. C., basándose en pruebas arqueológicas como herramientas de piedra, cerámica y esqueletos descubiertos alrededor de la isla. Esta evidencia apoya la idea de que los minoicos y los griegos compartieron antepasados comunes que se originaron en Anatolia o el Levante.

Debido a que una civilización minoica existió durante siglos, los historiadores y otros tienden a dividir los años en tres períodos separados: Los minoicos tempranos (EM), los minoicos medios (MM) y los minoicos tardíos (LM). A pesar de tener numerosos ejemplos de cultura material de cada período, se sabe poco sobre la historia real de la civilización. Como se ha mencionado, el pueblo no mantuvo registros detallados y no se involucró a menudo en guerras, por lo que los eventos importantes son un misterio. Incluso los nombres de los reyes y los nobles son difíciles de averiguar, aunque hay pruebas adecuadas que sugieren la existencia de clases económicas dispares.

Así que, en lugar de detalles, los historiadores son capaces de elaborar algunas aproximaciones de lo que ocurrió durante cada período. Estos son los que se enumeran aquí.

Los primeros minoicos (EM)

Los primeros vestigios de la civilización minoica se desarrollaron alrededor de la temprana Edad de Bronce, que duró desde el 3500 a. C. hasta el 2100 a. C. Numerosos autores indicaron que esta vez se demostraron las promesas potenciales de la futura civilización minoica, que logró prosperar con poca guerra. La evidencia indica que los homínidos comenzaron a formar centros urbanos a finales de los años 30 a. C. y luego desarrollaron gradualmente una reconocible civilización minoica. Estos centros tendían a estar a lo largo de la costa y eran lugares donde las élites podían acudir en tropel para comerciar y preparar una estructura social rudimentaria. La vida minoica temprana se caracterizó por el surgimiento de las monarquías. Los monarcas desplazaron a las élites locales que eran más parecidas a los líderes tribales, individuos influyentes en sus propias comunidades pequeñas que probablemente experimentaron alguna forma de elección popular. Los primeros palacios minoicos datan de este período.

El Período Medio (MM)

La vida de los minoicos medios continuó de la misma manera que la de los primeros minoicos. La población creció exponencialmente, y hay algunas pruebas de desarrollos tecnológicos y artísticos que facilitaron a los comerciantes cruzar los mares Egeo y Mediterráneo. El período minoico medio duró desde aproximadamente el 2100 a. C. hasta el 1600 a. C. Algo grande sucedió hacia el final de este período que resultó en una masiva perturbación y destrucción generalizada en Creta. Los palacios de toda la isla fueron destruidos, incluyendo Festo, Cnosos, Malia y Kato Zakros. Los arqueólogos e historiadores creen que la perturbación fue causada por un terremoto masivo, potencialmente de los volcanes cercanos. También se especula que los minoicos sufrieron una invasión desde la cercana Anatolia, pero quedan pocas pruebas de combate armado.

Durante este período, la población minoica disminuyó y se mantuvo baja durante varias décadas. Hacia el final del período medio, la población volvió a aumentar. Entre los siglos XVII y XVI a. C., los arqueólogos creen que los minoicos entraron en su edad de oro, o el ápice de la civilización. Esta habría sido una época en la que la cultura y la economía prosperaron y en la que los minoicos estaban en la cima de su capacidad comercial con otras civilizaciones. En el territorio continental griego se encontraron numerosos ejemplos de cultura material, u objetos como cerámica y joyas. Esto significaba que los minoicos producían más bienes y que existía una demanda significativa de ellos en otros lugares.

Los minoicos tardíos (LM)

Alrededor del 1600 a. C., los minoicos sufrieron otra catástrofe devastadora, esta vez la erupción del volcán de Thera. Aunque la erupción en sí no fue de gran alcance, la fuerza generada por la explosión subterránea creó un tsunami masivo que golpeó a otras islas, incluyendo Creta. Gran parte de la arquitectura minoica fue destruida, y los asentamientos lucharon por reconstruirse. Los minoicos tuvieron que reconstruir varios de sus palacios, lo que dio lugar a diferentes funciones[3]. No se preocupaban tanto por la belleza y se utilizaban más por la pura practicidad.

Sin embargo, no duraron. En 1450 a. C., existen pruebas de que los minoicos lucharon con las secuelas de otro desastre natural, probablemente un terremoto. Múltiples palacios fueron destruidos,

---

[3] John C. McEnro, *Architecture of Minoan Crete: Constructing Identity in the Aegean Bronze Age*, University of Texas Press, 2010.

incluyendo los de los asentamientos de Malia y Festo. Aunque el palacio de Cnosos permaneció en gran parte intacto, los cuartos de estar y las habitaciones personales no. Los científicos creen que el terremoto fue el resultado de otra erupción en Thera, y los historiadores creen que el terremoto fue decisivo en la caída de los minoicos.

Sin embargo, el por qué es mayormente un misterio. La seguridad del palacio de Cnosos significó que los minoicos aún tenían su centro de cultura y comercio, por lo que pudieron seguir influyendo en otras regiones del mar Egeo y el Mediterráneo. Sin embargo, estaban muy debilitados. Los académicos creen que esta debilidad llevó a los minoicos a ser invadidos por los micénicos en la Grecia continental.

Por lo tanto, el declive durante el período de los minoicos tardíos fue lento, pero constante hasta la conquista de los micénicos. En algún momento alrededor del siglo XIII a. C., las ciudades y palacios de todo el Egeo comenzaron a decaer y a perder su influencia y población. El lineal A, el sistema de escritura minoica, comenzó a desaparecer. Para el 1200 a. C., incluso Cnosos perdió su poder como centro administrativo.

¿Qué ocurrió?

Existe poca historia conocida sobre los minoicos, por lo que es casi imposible averiguar la historia de la civilización. Los historiadores y arqueólogos no conocen los nombres de los nobles o reyes influyentes, si hubo alguna batalla significativa, o incluso los altibajos de la vida cotidiana. Sin embargo, la limitada historia de los minoicos apunta a una posible vía: los micénicos.

Hasta donde los académicos pueden decir, los minoicos probablemente desaparecieron porque una serie de desastres naturales dejaron su civilización debilitada. Esta debilidad llevó a los micénicos, que vivían cerca, en la Grecia continental, a invadir y apoderarse de importantes centros culturales y administrativos. La presencia del sistema de escritura y los artefactos micénicos en las ciudades minoicas, que datan de después de la época de los minoicos, indica que lo más probable es que los micénicos se instalaran y tomaran el control.

Este extraño enemigo de los minoicos en realidad no era tan diferente. Los micénicos como pueblo compartían muchas de sus raíces con los minoicos y se comportaban de manera similar, dependiendo en gran medida del comercio para llegar a fin de mes. Algunas de las principales diferencias estaban en el ejército y la religión. Los micénicos necesitaban poseer un fuerte ejército ya que vivían en tierra firme, y la cultura valoraba más las proezas y habilidades militares que los minoicos. Los micénicos también fueron los precursores de la antigua religión griega, desarrollando los predecesores de famosos dioses y creencias.

¿Quiénes fueron los micénicos?

Los griegos micénicos, también llamados micénicos, fueron el último grupo en el mar Egeo que perteneció a la Edad de Bronce. Ascendieron al poder alrededor del 1600 a. C. y duraron hasta el 1100 a. C., creando una civilización que duró unos 500 años. El pueblo desarrolló numerosas organizaciones urbanas, creó hermosas obras de arte y poseía un sistema de escritura que los historiadores entienden y que podría haber sido utilizado para el mantenimiento de registros y mensajes. Los principales centros de poder de los micénicos fueron Atenas, Midea y Micenas. Micenas podría haber sido considerada la capital y estaba ubicada en el Argolid y albergaba a los nobles más influyentes y a los mayores ejemplos de cultura. Fuera de la Grecia continental, los micénicos desarrollaron asentamientos en Macedonia, el Levante e Italia[4].

Los micénicos caerían durante el colapso de la Edad de Bronce, que fue cuando las civilizaciones de la Edad de Bronce en toda Europa, Asia y África se desmoronaron simultáneamente. Se desconocen las causas exactas, con teorías que van desde desastres naturales repentinos hasta la invasión de los pueblos del mar, un

---

[4] Louise Schofield, *The Mycenaeans*, J. Paul Getty Museum, 2007.

extraño grupo al que se hace referencia en varios documentos y del que nadie está seguro. Cuando los micénicos cayeron, se llevaron consigo algunos de sus grandes avances y empujaron a las civilizaciones del Egeo a la Edad Oscura griega. Sus sucesores serían los antiguos griegos, quizás la civilización más famosa conocida por el público occidental.

Dado que tanta historia minoica es un lienzo vacío, los historiadores no han podido determinar si los minoicos y micénicos tuvieron algún conflicto significativo antes del 1600 a. C. Hay algunas pruebas de que se conocían y comerciaban entre sí, lo que significaría que su contacto fue un hecho regular. La invasión micénica del territorio minoico no fue probablemente por ninguna razón personal: El énfasis micénico en el poder y la conquista significaba que habría sido una decisión sabia dominar a un vecino más débil como los minoicos.

Similitudes y diferencias

La gente tiende a mezclar a los minoicos con los micénicos debido a sus similitudes, pero había varias diferencias claras entre las dos civilizaciones. En particular, era el método de cada una de ellas para llegar al poder. Mientras que los minoicos construyeron un imperio basado en el comercio y la artesanía, los micénicos lucharon y se abrieron camino a través del Egeo y el Mediterráneo. La economía micénica no era mercantil; se basaba en la conquista para introducir bienes valiosos y mantener su civilización en funcionamiento. Tras las erupciones de Thera y un declive general, los minoicos se convirtieron en el principal candidato a una mayor dominación.

Capítulo 3 - Sociedad, cultura y vida cotidiana

La información sobre los minoicos es escasa si se compara con la riqueza de conocimientos que poseen los académicos sobre otras antiguas civilizaciones mediterráneas. Sin embargo, todavía se sabe bastante sobre la estructura social general, la economía, y lo que la vida cotidiana podría haber sido para el minoico medio. Debido a su pequeña población, los minoicos tendían a ser más igualitarios que sus vecinos más grandes, permitiendo oportunidades de progreso social e incluso otorgando a hombres y mujeres derechos similares. El individuo promedio en la sociedad minoica habría sido relativamente joven debido a las bajas edades de mortalidad, estaría casado y tendría una familia, realizaría algún tipo de trabajo físico y participaría en la misma religión que sus vecinos. Los detalles de sus vidas se verían algo así.

Estructura social y economía

Mucha de la información sobre los minoicos proviene de imágenes, por lo que la estructura social puede ser difícil de determinar. Sin embargo, la sociedad minoica compartía algunas características con otras civilizaciones antiguas. En particular, había diferentes clases socioeconómicas que indicaban la riqueza y la autoridad de una persona sobre otras. Los reyes seguían siendo el cargo más alto, y también estaban las sacerdotisas, los sacerdotes y los administradores. Un aspecto único del mundo minoico era que las mujeres ocupaban posiciones similares a las de los hombres y se las representaba frecuentemente en puestos de autoridad[5]. Esto tiene sentido ya que las sacerdotisas tenían más influencia que los sacerdotes. Varias fotos también muestran a mujeres sentadas por encima de los hombres, pero ninguna existente muestra a hombres sentados por encima de las mujeres.

La economía minoica también parecía estar basada en el comercio. Como vivían en islas a lo largo del mar Mediterráneo, los minoicos necesitaban viajar a través del agua para interactuar con otras culturas y el comercio. Los productos manufacturados descubiertos indican que lo más probable es que los minoicos tuvieran contacto y comercio con los micénicos, los egipcios, los mesopotámicos y otros. El pescado y otros bienes del mar eran productos minoicos comunes, al igual que el azafrán las esculturas de y bronce. Los minoicos comerciaban con cosas que no podían producir por sí mismos o a las que no tenían acceso en su civilización insular, como armamento avanzado, nuevos textiles e incluso gatos de Egipto[6]. La civilización minoica, debido a que dependía en gran medida del comercio, comenzó a decaer cuando la potencia rival del Mediterráneo, los micénicos, comenzó a apoderarse de las rutas comerciales minoicas. Los historiadores creen que los minoicos y los micénicos tenían relaciones pacíficas antes de que ocurrieran los ataques repentinos.

---

[5] Ellen Adams, *Cultural Identity in Minoan Crete: Social Dynamics in the Neopalatial Period*, New York: Cambridge University Press, 2017.

[6] Castleden, *Minoans*.

Los papeles de los hombres y las mujeres

Los minoicos eran inusuales entre las culturas antiguas. Una tendencia recurrente en la civilización humana era que a medida que la gente se urbanizaba, la igualdad de género se desvanecía. Un hecho que pocos saben es que los humanos no siempre tuvieron roles de género dispares en parte debido a la dificultad de supervivencia. Antes de la agricultura y la ganadería centralizadas, los pueblos nómadas tendían a ser más igualitarios en la forma en que se comportaban. Ni siquiera la monogamia era común. Con el desarrollo de la agricultura, fue posible que los humanos se centraran menos en la supervivencia o en los viajes constantes y más en la construcción de civilizaciones estancadas. El estancamiento significaría una sociedad que no necesitaba migrar y viajar. Estas sociedades más estables llevaron al surgimiento de figuras poderosas como reyes, administradores, generales, señores de la guerra, sacerdotes y otros. Estos importantes funcionarios tendían a ser hombres, lo que llevó a un cambio gradual de roles y a la eliminación de derechos y roles importantes de las mujeres.

Estos cambios se pueden observar en muchas de las antiguas civilizaciones, incluidas las de África, Oriente Medio, Asia y Europa. Sin embargo, los minoicos fueron un caso especial. Es posible que el pequeño tamaño de la civilización minoica hiciera que la urbanización no resultara en la eliminación de los roles de la mujer. De hecho, las obras de arte minoicas y los artefactos existentes indican que los hombres y las mujeres poseían en realidad derechos y funciones similares, aunque obviamente no está claro ya que el texto escrito es limitado. Algunos historiadores incluso creen que los minoicos eran una sociedad matriarcal, en la que las mujeres estaban a cargo en lugar de los hombres. El predominio de mujeres líderes y sacerdotisas es lo que llevó a esta especulación. Otra posibilidad es que como los minoicos no tenían un ejército de tierra, sino una marina, los hombres se ausentaban frecuentemente por largos períodos de tiempo. Esto significaba que las mujeres tendrían que hacer doble trabajo en casa mientras ellos estaban fuera.

Las mujeres minoicas parecían tener más derechos, oportunidades y libertades que sus homólogas de culturas similares como la micénica y la griega. La crianza de los niños no era su único trabajo. Muchas mujeres libres parecían tener trabajos regulares o eran las sumas sacerdotisas y asistentes del templo de la religión minoica. Incluso podían convertirse en artesanas y ocupar puestos importantes o participar en deportes como el salto de toros. Se pueden ver con frecuencia mujeres elegantes en los frescos y el arte minoico como sacerdotisas o en funciones agrícolas como recolectoras de azafrán, las que recogían y cuidaban los cultivos de azafrán. Puede verse a continuación un ejemplo encontrado en Santorini.

Fresco de una recolectora de azafrán

Los hombres tenían roles y libertades similares. Aunque había unas pocas clases socioeconómicas diferentes y una limitada movilidad ascendente, ello no impedía que los hombres pudieran mejorar y ocupar una variedad de puestos. Los hombres podían ser soldados, artesanos, agricultores, obreros, nobles, sacerdotes o administradores. La civilización minoica era pequeña, por lo que la urbanización significaba que todos se mezclaban y tenían más opciones y posibilidades a su disposición. Los hombres también participaban en deportes como el salto de toros y podrían haber sido recolectores de azafrán, pero es ambiguo. Los hombres no tenían un gran papel en la crianza de los niños y en su lugar se centraban en el trabajo fuera del hogar.

Azafrán

Tanto los arqueólogos como los antropólogos creen que el azafrán ocupaba una posición única en la cultura minoica. El azafrán crocus es una planta comúnmente conocida como el crocus sativus y se caracteriza por su color púrpura y por las hebras de estigmas carmesí que salen del centro. Tanto los minoicos como las sociedades modernas extraen los estigmas del azafrán para crear especias y tintes. El arte minoico muestra al azafrán como una planta silvestre común, pero ya no crece fuera de las granjas y jardines cuidadosamente cultivados. En la antigüedad, también se usaba como medicina. Los minoicos a menudo representaban el azafrán en asociación con las mujeres en una especie de línea de producción, lo que indica que se cosechaba para uso común[7].

Varios académicos especulan que la primera diosa de la medicina en el mundo mediterráneo procedía de los minoicos que vivían en la isla de Thera. Los murales y otras obras de arte descubiertas en la isla incluyen dibujos de una diosa femenina rodeada de representaciones botánicamente exactas de la planta de azafrán y sus propiedades

---

[7] J.S., "Saffron and the Minoans". *Pharmacy in History* 47, no. 1 (2005): pg. 28-31. https://www.jstor.org/stable/41112251.

únicas en comparación con otra flora que crecía en la isla[8]. Se cree que los minoicos pensaban que el azafrán era especial para el tratamiento de enfermedades, así como para tintes, especias y otros usos.

Alimentación y dieta

Como se puede imaginar, la dieta minoica consistía en una amplia variedad de mariscos y productos del Mediterráneo. El hecho de que vivieran en una isla significaba que la agricultura a gran escala estaba descartada, sobre todo porque la población se centraba en el cultivo del azafrán para tratar enfermedades. Esto significaba que la principal fuente de bienes consumibles eran las aguas del propio Mediterráneo, así como los grupos cercanos con los que los minoicos podían comerciar para su sustento.

Un manjar conocido era el calamar joven, que podía ser capturado y servido crudo o cocinado para eliminar los parásitos. La tinta de calamar también se usaba para dar sabor a los alimentos o para dar color a los tintes. Numerosas variedades de pescado, almejas y otras carnes frescas provenían además del mar. Estos se combinaban con una amplia gama de cultivos agrícolas que podían cultivarse en el terreno rocoso y una variedad de vegetales. Estas verduras no se cultivaban como los cultivos agrícolas normales. En lugar de ser plantadas en grandes grupos, se confinaron a pequeños huertos domésticos. Algunas de las verduras más populares eran los guisantes, lentejas, habas, espárragos, alcachofas silvestres, mostaza silvestre, quimbombó y endibias. Estas verduras tendían a tener un sabor amargo y picante que se prestaba bien a la carne fresca.

El clima mediterráneo también era propicio para el cultivo de múltiples variedades de uvas y aceitunas, que los minoicos utilizaban para hacer vino y aceite de oliva. Su vino tendía a tener un bajo

---

[8] S.C. Ferrence y G. Bendersky, "Therapy with saffron and the goddess at Thera". *Perspectives in Biology and Medicine* 47, no. 2 (Spring 2004): pg. 199-226. https://www.ncbi.nlm.nih.gov/pubmed/15259204.

contenido alcohólico porque el proceso de fermentación se utilizaba para eliminar las bacterias y los parásitos transmitidos por el agua en lugar de crear una bebida recreativa. Sin embargo, los minoicos también producían vino de alto contenido alcohólico para ocasiones especiales, libaciones durante ceremonias religiosas y consumo general. Otras bebidas populares eran la cerveza de cebada, el aguamiel y los vinos condimentados y aromatizados con hierbas. Los minoicos también hacían una bebida de leche suave con sabor a hierbas locales. Las vasijas para beber que se encontraron en Creta contenían los débiles restos de vino antiguo que parecían haber sido aromatizados con madera de roble tostada para darle un sabor más agudo y ahumado.

El aceite de oliva, mientras tanto, se comía con granos y vegetales y proporcionaba una importante fuente de nutrición y calorías para el público en general. Las aceitunas también podían consumirse del árbol. Aparte de las verduras, los minoicos cultivaban algunos granos. Consiguieron cultivar cebada, centeno y tres tipos distintos de trigo. Estos no se hacían típicamente en pan, pero se podían comer como gachas o convertidos en cerveza.

Como la mayoría de los pueblos antiguos, los minoicos dominaban la domesticación de los animales y parecían poseer ovejas, ganado, cabras y algunos cerdos. Estos animales no se habrían consumido todo el tiempo; mientras que la mayoría de las sociedades contemporáneas utilizan animales domesticados como fuente primaria de carne, los minoicos habrían necesitado los animales para proporcionar recursos utilizables como la lana y la leche. La leche de cabra era más popular que la de vaca, y las ovejas eran necesarias por la lana para hacer ropa. El cerdo parece ser uno de los únicos mamíferos grandes cuyo propósito era únicamente la alimentación. Los minoicos usaban principalmente la leche de cabra para hacer quesos blancos de sabor fuerte, pero físicamente suaves, similares a los que hacían los antiguos griegos. Un ejemplo en la época contemporánea sería el moderno feta.

Además de los animales domésticos, los minoicos consumían criaturas que podían cazar como conejos y jabalíes. Hay pruebas de que los minoicos tenían perros y gatos para ayudarles a cazar y mantener sus hogares libres de plagas. Lo más probable es que los gatos vinieran de Egipto y fueran comercializados a cambio de bienes del Mediterráneo.

Moda

Los minoicos hicieron inusuales y complejas elecciones de moda basadas en gran medida en el clima mediterráneo. La mayoría de las prendas se cosían de manera similar a la ropa contemporánea, con blusas, faldas y vestidos ajustados al cuerpo y diseñados para acentuar la cintura de hombres y mujeres. La tela se hacía con materiales ligeros como el lino, aunque la lana no era rara en las zonas rurales. Los hombres solían llevar un simple taparrabos con la ocasional túnica de drapeado. Estos taparrabos estaban decorados y a menudo incluían una pagne, o funda, que protegía el pene y llamaba la atención sobre la masculinidad del individuo. A medida que pasaba el tiempo, las prendas de los hombres se volvieron más modestas y a menudo incluían delantales con borlas que cubrían la parte delantera y trasera de las caderas y los muslos. Hacia el final del período minoico tardío, los hombres comenzaron a usar túnicas y ropas sencillas que protegían la parte superior del cuerpo también[9].

Cuando los arqueólogos descubrieron ejemplos de prendas femeninas en Creta, se asombraron de las similitudes entre la ropa antigua y la moderna. La falda de una mujer tendía a ser ajustada y ceñida alrededor de la cintura antes de ensancharse en una forma de campana popular que acentuaba la figura femenina. Los adornos y bordados se cosían a menudo en las faldas para añadir carácter, y los diseños se hacían más elaborados a medida que pasaba el tiempo. Algunos diseños presentaban largas tiras de tela cosidas a los lados de

---

[9] Bernice R. Jones, "Revealing Minoan Fashions". *Archaeology* 53, no. 3 (May/June 2000): pg. 36-41. https://www.jstor.org/stable/41779314.

las faldas para crear volantes verticales a lo largo del material. Sus topes no eran modestos. La mayoría de las mujeres llevaban prendas ajustadas con grandes aberturas verticales en la parte delantera que dejaban al descubierto todo el pecho y la cintura delgada ideal. Existen algunas pruebas que a los hombres y mujeres se les colocaban cinturones metálicos ajustados desde la infancia para acentuar aún más una sección media delgada[10].

La moda minoica se basaba en tener la figura minoica ideal, lo que significaba exponer la cintura, brazos musculosos y pechos, o grandes senos y caderas con una cintura definida. Algunos historiadores señalaron que la forma femenina ideal era similar a la moda europea en el siglo XIX, cuando las mujeres usaban corsés y acolchaban sus faldas para lograr un aspecto redondeado y completo. Una antigua pintura minoica se ganó el apodo de "La Parisienne" por las similitudes del carácter femenino con las modas de las mujeres francesas.

La Parisienne

---

[10] Ibíd.

Este fresco destaca algunas otras características de la moda minoica que estaban presentes en los grandes centros urbanos como Cnosos. Los arqueólogos descubrieron lo que parecían ser centros de embellecimiento en los complejos palaciegos y objetos que parecían ser utilizados para acentuar las características consideradas atractivas por los minoicos. Los nobles usaban mezclas y compuestos naturales para aclarar su piel y pintar sus labios de rojo, proporcionando un contraste con la piel bronceada de los trabajadores y otros individuos de clase baja. Las mujeres también llevarían elaborados nudos y se atarían el pelo hacia atrás en diseños creativos, y tanto hombres como mujeres llevarían joyas de oro, plata o bronce para indicar su riqueza y estatus social. Piedras semipreciosas, minerales y otros objetos podían ser incrustados en el metal; las opciones populares eran el granate, el lapislázuli, la piedra de jabón, el marfil y las conchas tomadas del Mediterráneo. Los minoicos frecuentemente comerciaban con los egipcios para obtener un material llamado también azul egipcio.

¿Fueron los minoicos pacíficos?

Una teoría corriente sobre los minoicos es que eran una civilización pacífica. Esta teoría fue presentada por primera vez por Arthur Evans, el arqueólogo que descubrió algunos de los mayores depósitos de artefactos de los minoicos. Según Evans, la *Pax Minoica* (Paz minoica) existía. Esta paz explicaba que había poco o ningún conflicto en la civilización minoica hasta que se encontraron cara a cara con los micénicos en la Grecia continental. Los estudiosos más contemporáneos discuten la idea de Evans como idealismo, pero el hecho es que no hay evidencia de un ejército minoico legítimo, ninguna forma de dominación más allá de la isla de Creta, o incluso la guerra. Las obras de arte, que representan numerosos aspectos de la vida como el cultivo del azafrán, no tienen indicios de que existiera una guerra. La violencia parecía dedicada a los deportes y potencialmente a los sacrificios ritualistas.

La idea de la paz minoica se basa parcialmente en la evidencia arquitectónica descubierta en islas como Creta. Aunque los arqueólogos encontraron algunas fortificaciones y torres de vigilancia, tales edificios no indican una guerra real. Esto se debe a que la mayoría de los antiguos sitios fortificados cumplían más de una función. Podían usarse como áreas de almacenamiento, indicar fronteras importantes como las de los palacios, o expresar la riqueza de funcionarios poderosos. Algunas fortalezas también servían como importantes lugares de reunión o áreas donde la gente podía acudir en caso de condiciones meteorológicas adversas, desastres naturales y otros problemas. Sin embargo, los académicos no pueden descartar la guerra, sobre todo porque los minoicos fabricaron numerosas armas que no se podían utilizar para la caza. Más confusa era la presencia de intimidantes lanchas y espadines, que eran armas estándar utilizadas para la guerra por las civilizaciones antiguas[11].

---

[11] Barry P.C. Molloy, "Martial Minoans? War as Social Process, Practice and Event in Bronze Age Crete". *The Annual of the British School at Athens* 107 (2012): pg. 87-142. https://www.jstor.org/stable/41721880.

Capítulo 4 - Comercio y construcción naval en el mar Mediterráneo

La civilización minoica se denomina talasocracia, o estado político que se apoya en su marina para garantizar la seguridad de la población y unir diferentes regiones de una misma cultura. Los académicos pueden decir que los minoicos reforzaron su armada y construyeron docenas de buques comerciales diseñados para facilitar el comercio con lugares de todo el Mediterráneo[12]. Creta fue el centro de su industria comercial, incluyendo el asentamiento palaciego de Cnosos en la costa este de la isla. Los artesanos tendían a vender sus productos terminados como la alfarería y la cerámica en el extranjero. Los minoicos no producían suficientes productos agrícolas o alimenticios para desarrollar un comercio importante de consumibles, y los registros muestran que los ciudadanos podrían incluso haber

---

[12] Malcom H. Weiner, "Realities of Power: The Minoan Thalassocracy in Historical Perspective". *AMILLA: The Quest for Excellence*, 2013,
http://www.academia.edu/30141237/_Realities_of_Power_The_Minoan_Thalassocracy_in_Historical_Perspective_AMILLA_The_Quest_for_Excellence._Studies_Presented_to_Guenter_Kopcke_in_Celebration_of_His_75th_Birthday_2013_pp._149_173

cambiado sus productos terminados por excedentes de cultivos en lugares como Egipto.

Durante todo el año, los comerciantes reunían bienes que podían ser comercializados en lugares como Egipto, Mesopotamia, Grecia continental, Anatolia e incluso España. El arte minoico y otros objetos han sido encontrados en los cinco lugares. Como civilización marítima, se cree que los minoicos debieron la mayor parte de su éxito a la posibilidad de comerciar con bienes y lujos que no habrían estado disponibles en Santorini y Creta.

Mapa del mar Mediterráneo

Los minoicos no necesitaban un ejército debido a su ubicación. La mayoría de la gente vivía en ciudades costeras relativamente indefensas protegidas por grandes flotas de buques de mar. Los barcos minoicos presentaban modificaciones y armas para proteger a los comerciantes y asentamientos de los piratas, pero los arqueólogos observan que estas adiciones a los barcos casi siempre están sin usar y sin tocar. Este hecho ayuda a apoyar la idea de Arthur Evans sobre la "Paz minoica", o la teoría de que los minoicos como cultura no necesitaban entrar en guerra con sus vecinos y experimentaban pocas peleas o agresiones.

Dos de los bienes por los que los minoicos eran conocidos eran el estaño y el azafrán. El estaño era un material necesario para la fabricación de armas y armaduras de bronce durante la Edad de Bronce. Los mineros minoicos recogían el metal de Chipre, donde podía ser aleado con cobre para hacer bronce en bruto para su envío a otras civilizaciones. El azafrán, mientras tanto, creció desenfrenadamente en lugares como Akrotiri en Santorini. La planta era muy buscada en el mundo antiguo por su sabor, color y supuestas propiedades medicinales. Algunos registros indican que los minoicos podrían incluso haber completado el proceso de usar el azafrán como tinte para los tejidos antes de su envío, aunque no hay suficientes pruebas que apoyen la presencia de una producción textil a gran escala. Los recursos de lujo como el oro y la plata extraídos de las pequeñas islas del Mediterráneo también formaban bienes valiosos que los minoicos podían comercializar.

Flota minoica

Todo el comercio de la talasocracia debía ser protegido por la flota minoica. A diferencia de los barcos de otras civilizaciones marítimas, la flota minoica no fue diseñada para participar en una guerra pesada o conquista. El propósito principal de cada barco parecía ser el comercio con armas adicionales añadidas para defender los bienes de los piratas. Antes de los micénicos, los minoicos no luchaban contra sus vecinos y, por lo tanto, tenían poco uso para una marina dedicada.

Fresco de la flota minoica

Los frescos, como el de arriba, proporcionan un excelente ejemplo de cómo era el barco minoico estándar. Los constructores de barcos crearon botes largos usando herramientas de madera y bronce. Estos botes largos tenían aproximadamente treinta y cinco metros de largo y seis metros de ancho. Cada barco era capaz de transportar 50 toneladas métricas de mercancías y podía ser tripulado por cincuenta personas que remaban con remos que sobresalían a ambos lados del barco. Había espacio extra para individuos como el capitán y su tripulación especializada que eran capaces de reparar el barco en caso de emergencia.

Los minoicos poseían un claro proceso para la creación de un barco capaz de atravesar el Mediterráneo. Los árboles eran un recurso finito en sus islas, por lo que los minoicos guardaban los más grandes para la construcción de barcos. Se favorecieron troncos enteros de ciprés porque los constructores de barcos podían cepillar el exceso de corteza y material usando sierras de bronce masivas que medían aproximadamente 6 pies de largo y 1 pie de ancho. El proceso consistía en unos pocos pasos engañosamente simples, pero físicamente desafiantes.

1. Los profesionales identificaban un árbol con buenas características y lo cortaban con hachas de bronce.

2. Se quitaban entonces las ramas, y el árbol sería transportado por rudimentarios carros a un centro de construcción naval en una de las costas.

3. La corteza del ciprés sería arrancada del árbol usando raspadores básicos de madera o bronce.

4. Los troncos limpios serían marcados por el maestro de construcción naval para que él y sus trabajadores (la construcción naval era una profesión principalmente masculina debido a la fuerza requerida) pudieran identificar dónde había que hacer los cortes.

5. Una vez hechas las marcas, el equipo de construcción naval comenzaba a cortar, rebanar y aserrar la madera sobrante. El producto final sería un barco sólido con pocas o ninguna pieza adjunta. Esto creaba una construcción robusta y evitaba las fugas.

6. Las curvas ascendentes de la proa y la popa (la parte delantera y la trasera del barco, respectivamente) fueron empujadas a su forma haciendo la madera maleable por medio de calor y vapor.

7. Luego se añadían bandas adicionales de ciprés al casco completo del barco mediante el proceso de unión de los bordes. Se hacían muescas, o hendiduras rectangulares, en el barco, y luego se unían las muescas y las tablas de madera. Se utilizaban resinas para prevenir el deslizamiento y sellar cualquier grieta o hueco importante que pudiera dejar entrar agua en el barco. Las muescas se sellaban completamente cuando el barco era empujado al mar una vez terminado.

8. El proceso de añadir bandas de ciprés adicionales se utilizaba en todo el barco para dar a la embarcación la altura necesaria y protegerla de las aguas del Mediterráneo. Una vez que se completaba las bandas, el constructor del barco añadía bancos de remo y cubiertas para los marineros.

9. Los barcos terminados se cubrían entonces con lino blanco tejido y se decoraban con imágenes de delfines azules y otras criaturas del mar.

Esos nueve pasos creaban el barco básico que los minoicos habrían usado para el comercio. Los remos se hacían de roble, que era más sólido y pesado que el ciprés usado para la estructura del barco. Algunos constructores de barcos añadían mástiles y velas a las embarcaciones terminadas, de modo que los marinos no tenían que depender únicamente de los hombres para viajar a través del Mediterráneo. Los mástiles se hicieron con roble y tendían a tener la friolera de 52,5 pies de altura. Las velas estaban hechas de lana y tratadas con aceite para ser impermeables[13].

Estas simples embarcaciones no estaban hechas para llevar armas complicadas. Los frescos indican que las medidas defensivas contra los piratas eran probablemente adiciones fundamentales como largas lanzas que serían sostenidas por los marineros a lo largo de los costados del barco. Esto habría evitado que los piratas u otros invasores abordaran y tomaran los bienes del comercio. La mayoría de los tripulantes también llevaban armas básicas como cuchillos que podían servir como herramientas y utensilios para comer.

En última instancia, el papel de los minoicos como civilización marítima se puede ver en la simplicidad y la belleza de sus barcos. Las naves no incluían construcciones defensivas masivas o armas y presentaban un diseño básico al aire libre que favorecía el clima soleado del Mediterráneo. Se necesitaba mano de obra para mover

---

[13] Cemal Pulak y George F. Bass, "Bronze Age Shipwreck Excavation at Uluburun". Institute of Nautical Archaeology

los barcos a través del mar, y los marineros proporcionaban la única línea de defensa contra los enemigos. Sin embargo, no parecían entrar en combate a menudo. Esta idea se apoya no solo en el simple diseño, sino también en la inmensa cantidad de tiempo que se dedicaba a pintar y decorar los barcos terminados. Los barcos eran obras de arte para los minoicos, a menudo con sus motivos favoritos de delfines y aves. Estos diseños hacían atractivos a los barcos, alertaban a los potenciales socios comerciales de la riqueza de los minoicos, y hacían que los barcos brillaran en las aguas. Como dicen algunos académicos, si los minoicos estaban preocupados por un ataque, ¿habría hecho que sus barcos comerciales fueran tan distintivos e indefensos?

Capítulo 5 - Lenguaje y lineal A

Se han encontrado múltiples sistemas de escritura que datan de la época de los minoicos en Creta y Santorini, aunque la mayoría de ellos no están descifrados. El primer sistema de escritura conocido para los minoicos fue algo llamado jeroglíficos cretenses. Los eruditos no están seguros de si estos jeroglíficos fueron realmente usados por los minoicos, y su origen completo es discutido. Sin embargo, se usaron antes del lineal A y se pueden encontrar en las regiones donde vivían los minoicos, habiendo aparecido en algún momento durante el siglo XIX a. C. Los jeroglíficos cretenses también se usaron al mismo tiempo que el lineal A y desaparecieron alrededor del siglo XVII a. C. cuando aparentemente cayeron en desgracia.

Un sello de jaspe con jeroglíficos cretenses (1800 a. C.)

Después de los jeroglíficos cretenses vinieron los dos sistemas de escritura más conocidos, el lineal A y el lineal B. El lineal A vino antes que el lineal B y es considerado su padre, o el sistema de escritura en el que se basó el lineal B. El lineal B no fue utilizado por los minoicos. El lineal A data de 2500 a. C. y 1450 a. C. y es casi ininteligible para los académicos contemporáneos debido a lo incompleto de los documentos conservados y al lenguaje utilizado en la escritura. Sin embargo, el lineal A es frecuentemente llamado minoico, y múltiples profesionales creen que el lenguaje es la forma escrita de la palabra hablada minoica. Aunque hay algunas similitudes con el griego antiguo, no son suficientes.

Un ejemplo del lineal A

Los eruditos intentaron traducir los valores del lineal B al lineal A para crear un ejemplo del lenguaje, pero el resultado fue ininteligible. Este proceso de traducción tomó los valores de los símbolos en el lineal B y luego los aplicó a su contraparte conocida en el lineal A. Este procedimiento sería similar a que alguien tomara el sonido asociado a la letra "R" y lo aplicara al equivalente cirílico, que es "P". Sin embargo, el resultado no tenía sentido, lo que indicaba que la lengua minoica podría no estar relacionada con ninguna lengua conocida. Existe la creencia actual de que los minoicos en realidad no utilizaron su alfabeto escrito para registrar su idioma y en cambio lo utilizaron para la contabilidad.

Otra forma de escritura descubierta en la región de los minoicos es una escritura que se encuentra en un artefacto llamado disco de Festo. El disco de Festo fue encontrado en las ruinas del complejo palaciego de Festo en la costa sur de Creta. Luigi Pernier, un arqueólogo italiano, encontró el disco en el sótano. Mide 5,9 pulgadas de diámetro y fue encontrado en un área llena de objetos como huesos de bovinos. Los eruditos creen que las habitaciones se usaron para el almacenamiento general y parecieron derrumbarse sobre sí mismas tras la erupción del Thera.

El disco de Festo contiene imágenes de una escritura pictórica que no se ha encontrado en ningún otro lugar. Los arqueólogos ahora creen que es de origen cretense y actualmente es indescifrable. Ejemplos de los símbolos pueden verse transcritos en la imagen de abajo.

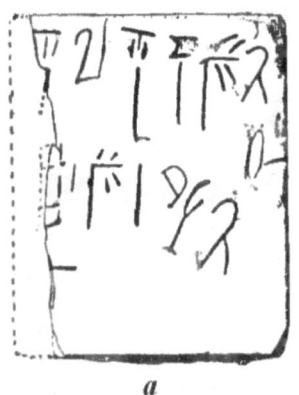 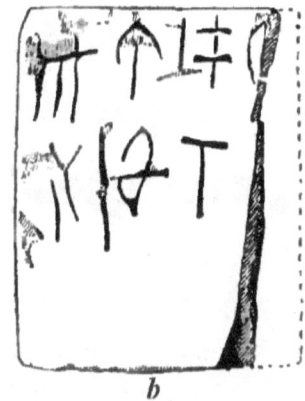

a   *b*

La escritura en el disco de Festo

En resumen, los académicos modernos no pueden decir cómo sonaba realmente la lengua minoica, pero hay algunas pruebas de cómo era. Al igual que otras civilizaciones antiguas, los minoicos no tenían mucho uso para una escritura. Casi todos eran analfabetos y no tenían necesidad de leer o escribir. Los únicos que lo hacían eran los escribas de la corte, los comerciantes y algunos miembros de la clase religiosa. Por eso la mayoría de los documentos que llevan la escritura lineal A son registros contables.

Capítulo 6 - Los posibles predecesores de la religión griega

Los arqueólogos, historiadores y otros académicos creen que los minoicos desarrollaron los elementos que evolucionarían en la futura religión griega antigua. Algunos de los objetos religiosos descubiertos en sitios como Creta incluyen pinturas, estatuillas y anillos de sello que apuntan a una práctica cultual específica que gira en torno a dioses influyentes, diosas y una clase de sacerdotes y sacerdotisas. Como se mencionó anteriormente, los minoicos fueron únicos entre las culturas antiguas en que su religión enfatizaba y elevaba a las mujeres en su práctica. Los artefactos e imágenes que han sobrevivido indican que las sacerdotisas desempeñaban los papeles más esenciales en el culto y tenían más poder que sus homólogos masculinos. Las pruebas apuntan además a que la principal deidad minoica era una mujer más que un hombre. Esta es la famosa diosa serpiente.

La diosa serpiente

Basándose en las pruebas, los arqueólogos y antropólogos creen que la deidad más importante de la religión minoica era una diosa asociada a las serpientes. A veces los artistas también la representaban con toros, leones o palomas, animales significativos en las religiones de todo el mundo antiguo. Esta figura parecía tener algún tipo de significado médico ya que las mujeres dejaban ofrendas de azafrán, su planta de uso múltiple, en sus altares. En las imágenes, la diosa a veces puede verse con un hombre más pequeño y joven que los arqueólogos creen que era su consorte o hijo. Aunque no había templos públicos formales, la diosa era adorada y atendida por sacerdotisas.

Los arqueólogos sospechan que la deidad sería cooptada en la antigua religión griega y representada como Ariadna, la hija del famoso rey Minos de quien los minoicos toman su nombre. En las tabletas tomadas de Cnosos, la diosa es a veces referida como la "señora del laberinto". Estos documentos están escritos en el lineal B, el lenguaje de los griegos micénicos, en lugar del lineal A. Esto podría indicar que civilizaciones como los micénicos y los antiguos griegos adaptaron la religión minoica preexistente en sus propios panteones[14].

Las dos figuras de la Diosa Serpiente encontradas en 1903

---

[14] Castledon, *Minoans*.

La figura original de la diosa serpiente fue descubierta por Arthur Evans en 1903 y representaba a una persona obviamente femenina con una serpiente en cada mano. Las serpientes no tenían una connotación negativa para los minoicos y parecían indicar domesticidad, el hogar, la maternidad, y potencialmente la curación y el dominio sobre la naturaleza y los animales. Evans postuló originalmente que la mayor de las figuras descubiertas era una diosa mientras que la menor era una sacerdotisa. Estas estatuillas en particular solo se han encontrado en santuarios domésticos y otros lugares domesticados, por lo que los arqueólogos sospechan que la diosa estaba asociada con el hogar. Sin embargo, las menciones a una poderosa diosa serpiente también se pueden encontrar en los santuarios de todo el paisaje minoico, lo que deja la situación muy poco clara.

El nudo sacro

El nudo sacro fue un descubrimiento de Evans en Cnosos. Este nudo tenía un lazo en la parte superior y dos extremos con flecos que colgaban debajo. Apareció varias veces en las estatuillas minoicas, principalmente en las dos estatuillas de la diosa serpiente. El nudo se colocaba entre sus pechos y se podía ver a lo largo de los artefactos religiosos minoicos en una variedad de materiales. Evans especuló que el nudo sacro era un importante símbolo religioso similar al hacha de doble filo, que también aparecía en todos los lugares donde se asentaron los minoicos.

El hacha de doble filo

El hacha de doble filo era un símbolo común que aparecía en casi todos los sitios religiosos descubiertos en el territorio minoico. Su apariencia se explica por sí misma: el hacha tenía una hoja a cada lado del mango y era ceremonial. El hacha se puede encontrar en el simbolismo religioso de numerosas culturas a través del Mediterráneo en el mundo antiguo. Sin embargo, a diferencia de su representación en otras culturas, el hacha de doble filo en la religión minoica solo aparecía con figuras femeninas y no representaba un arma o una conquista militar. Algunos académicos creen que el hacha era representativa del origen del mundo conocido debido a su forma, y otros la asocian con la importante diosa femenina mencionada anteriormente.

El Hacha de Arkalojori (c. 2000 a. C.)

El hacha de doble filo no solo apareció como un símbolo. Se han encontrado algunos artefactos, incluyendo el Hacha de Arkalojori que data del segundo milenio a. C. El hacha votiva de bronce fue excavada por el arqueólogo griego Spyridon Marinatos en 1934. En los bordes hay inscritos quince símbolos que algunos sospechan que es el lineal A, pero el material está demasiado degradado para distinguir claramente las formas. Los arqueólogos piensan que el hacha fue usada durante ceremonias religiosas y, de nuevo, no fue un arma. El hacha se encuentra actualmente en el Museo Arqueológico de Heraklion.

La práctica de la adoración: Una estructura culta

Los artefactos religiosos son algunos de los objetos más duraderos de los minoicos. Algunos de los numerosos artículos encontrados incluyen figuras votivas de metal y arcilla, figuras de animales y humanos, hachas dobles especiales y miniaturas de objetos que los minoicos habrían utilizado en su vida cotidiana. Los arqueólogos y antropólogos también han encontrado más de 300 santuarios y cuevas separadas llenas de objetos sagrados que podrían haber sido los centros de un culto religioso prominente. Esta versión de culto no tiene las mismas connotaciones negativas de los cultos modernos. Cuando se usa en la discusión de la historia antigua, la palabra "culto" simplemente se refiere a un pequeño grupo que adoraba a una deidad o figura particular, o a una forma de culto religioso que no estaba organizada oficialmente o en la corriente principal.

Los templos, tal como los conoce el público contemporáneo, no eran un concepto entre los minoicos, y no había lugares claros de edificios utilizados para el culto formal y organizado. Se especula que los minoicos seleccionaban y educaban a sacerdotisas, y a veces a sacerdotes, que luego llevaban a cabo ceremonias y rituales para grupos de apoyo en sitios al aire libre. Estos sitios habrían sido los templos de los minoicos. Los complejos palaciegos no tenían espacios religiosos designados, y ningún fresco minoico superviviente muestra ninguna deidad. Los únicos indicadores tienden a ser las estatuillas consistentes, que representan a la misma mujer llevando dos serpientes, una en cada mano.

Curiosamente, había una figura culta única que desconcertó a los arqueólogos cuando fue descubierta por primera vez. Se trataba de algo llamado el Genio minoico. Se describe mejor como una extraña criatura que mezcla las características de un león y un hipopótamo. Los académicos han observado que existen numerosas similitudes entre el Genio minoico y algunos de los animales fantásticos representados en el arte egipcio antiguo, y creen que el animal demuestra una conexión entre las dos culturas. En la religión minoica, el Genio parecía ser un protector de los niños, así como una figura importante durante los rituales de fertilidad. También se le mostraba frecuentemente con ovejas, o jarras de agua, y parecía desempeñar un papel importante en la entrega de libaciones durante las ceremonias religiosas.

Salto de toro

El salto de toro tenía claramente cierta importancia entre los minoicos ya que era un tema popular para los frescos, la cerámica e incluso las escenas inscritas en las joyas. En el salto de toro, un atleta emprendedor tenía que saltar sobre un toro de carga agarrando los cuernos, impulsándose hacia arriba y aterrizando en el lomo del animal. Las obras de arte indican que tanto hombres como mujeres participaron en tales eventos y que los ganadores eran elogiados.

Se debate si la actividad poseía algún tipo de creencia ritualista, religiosa o culta. El salto de toro era claramente un tema popular y parecía poseer algunos rituales propios, pero las imágenes no suelen encontrarse en los templos. Algunos académicos del mundo antiguo establecen conexiones entre los toros representados y el Toro Sagrado, una característica popular en las religiones antiguas. Este Toro Sagrado era considerado un símbolo de respeto y poder y tendía a ser asociada con el jefe o la deidad suprema de la religión. Para los minoicos, se puede argumentar una conexión entre el toro y la diosa serpiente mencionada anteriormente.

Otros argumentan que los toros no tenían ningún significado y que la obra de arte ni siquiera representaba el salto de un toro. Afirman que las escenas son en realidad algo humorísticas: son imágenes de jóvenes hombres y mujeres intentando montar un toro por primera vez y fallando miserablemente[15].

La existencia del sacrificio humano

¿Participaron los minoicos en el sacrificio humano?

Tal vez.

Existen tres sitios principales en los que los arqueólogos creen haber encontrado pruebas que apoyan la idea del sacrificio humano ritual: Anemospilia, un complejo en Fornu Korifi, y un edificio en Cnosos conocido como la Casa Norte. Los hallazgos en cada lugar

---

[15] Nanno Marinatos, "Minoan Religion". Columbia: University of South Carolina, 1993.

son inclusivos y podrían no ser realmente de un sacrificio, pero los sitios son lo suficientemente sospechosos como para dar a los académicos una pausa. En orden de plausibilidad de las pruebas encontradas, lo menos probable que sea un incidente de sacrificio humano es la escena encontrada en Anemospilia.

Anemospilia presenta una situación interesante para los arqueólogos. El sitio es un templo destruido por el terremoto del período minoico medio. En su interior había restos de una estatua de culto, así como cuatro esqueletos humanos: dos hombres, una mujer y uno inidentificable. Uno de los esqueletos masculinos estaba atado en una posición contorsionada y contraída en una plataforma elevada a la que habría sido doloroso entrar a la fuerza. Una hoja de bronce fue descubierta dentro de su pila de huesos. El cuchillo de 15 pulgadas tenía representaciones de un jabalí, un animal sagrado, a cada lado. La decoloración de uno de los lados de los huesos indicaba que el hombre probablemente murió por pérdida de sangre antes del terremoto. Dos esqueletos fueron encontrados en diferentes etapas de sorpresa alrededor de la extraña víctima. Los arqueólogos creen que se sorprendieron cuando el terremoto golpeó, y sus huesos aplastados significan que el templo se derrumbó durante el ritual.

El esqueleto de género indeterminado fue descubierto en uno de los salones del templo con más de cien fragmentos de cerámica a su alrededor. La decoloración indica de nuevo que la vasija que llevaban estaba llena de sangre. Los arqueólogos que excavaron la escena nunca dieron un informe oficial de sus hallazgos, y el único documento importante publicado es un viejo artículo de *National Geographic* publicado en 1981.

Aunque los profesionales especulan, muchos creen que Anemospilia no fue una escena de sacrificio humano. Algunos afirman que el hombre que se desangró pudo haber estado muriendo por una herida recibida en el mar y que la hoja había sido colocada sobre su cuerpo como símbolo de honor. Otros están de acuerdo con esta idea y piensan que toda la situación fue un rito funerario que salió mal. Finalmente, bastantes personas piensan que toda la escena fue causada por el terremoto y que es probable que la supuesta víctima del sacrificio se desangrara por las heridas causadas por los escombros que cayeron. El cuchillo se asemeja a una punta de lanza, que podría haber caído fácilmente de un estante y atravesado la caja torácica del joven de dieciocho años.

El siguiente sitio es un complejo de santuario en Furnu Korifi. Aquí se recuperaron fragmentos de un cráneo humano de una cámara que contenía una variedad de equipos de cocina y una chimenea. Los arqueólogos creen que el cráneo era el resto de alguna forma de sacrificio humano, pero la situación es, por decirlo de forma sencilla, dudosa. Cuando se trabaja con restos antiguos, pueden aparecer las cosas más extrañas. En esta situación, es probable que el cráneo provenga de un individuo que murió en su cocina o área de cocción. La única advertencia de esta teoría es que el resto del esqueleto no se encontró en la zona. Esto da lugar a la idea de que la cabeza humana fue transportada al área de cocina por razones potencialmente nefastas.

Finalmente, está Cnosos. Si fuera a haber evidencia de sacrificio humano minoico, ignorando la logística de tratar de encontrar cultura material de una civilización de hace milenios, sería en Cnosos. La capital administrativa, cultural y religiosa de los minoicos, Cnosos incluía numerosos sitios de entierro masivo donde los arqueólogos descubrieron pruebas casi definitivas del sacrificio de niños. Los hallazgos indican que lo más probable es que las víctimas fueran canibalizadas por sus asesinos[16].

La evidencia de los sacrificios humanos ritualista proviene del despojo de la carne de los huesos de una manera similar a la de los animales sacrificados. Todos los niños del lugar de entierro parecían estar sanos, por lo que las posibilidades de que estuvieran enfermos o se les dejara morir son escasas. Los arqueólogos que excavaron el sitio

---

[16] Castledon, *Minoans*.

junto con otros profesionales piensan que el sacrificio podría haber sido parte de un ritual cultual en el que los niños eran sacrificados, cocinados y luego comidos como una forma de renovar y mejorar la fertilidad en el año siguiente. A veces para tener un hijo, uno debía aparentemente matarlo[17].

Nadie sabe cómo se eligieron los sujetos para el sacrificio. La datación de los esqueletos revela que casi todas las víctimas eran menores de dieciocho años de edad con preferencia a los individuos jóvenes y sanos. La carne y la sangre fueron tomadas de las víctimas, y como se mencionó antes, existen algunas pruebas de canibalismo. Que los minoicos pudieran haber tenido tal comportamiento no es sorprendente ya que muchos cultos rituales de la Edad de Piedra, el Bronce e incluso la temprana Edad de Hierro incluían tales prácticas. Sin duda, los humanos de todo el mundo se han sacrificado y comido unos a otros para apaciguar a la naturaleza o a los dioses.

¿Pero qué dice esto sobre la religión minoica?

Por un lado, las pruebas de sacrificio demuestran el poder de las creencias cultuales, así como la presencia de rituales preordenados que debían ser completados. Los historiadores no saben por qué, pero pueden decir que las prácticas religiosas que tenían los minoicos eran importantes para ellos y requerían sitios especiales, sacerdotisas, sacerdotes e implementos especializados como el cuchillo de jabalí de bronce.

Prácticas de entierro y mortuorias

Los restos funerarios constituyen muchos de los artefactos de la Edad de Bronce porque los pueblos antiguos tendían a seguir comportamientos estrictos y rituales durante los funerales y hacían todo lo posible por preservar los cuerpos de sus amados. Para los minoicos, muchos de los restos provienen de la época de los minoicos medios y de la isla de Creta. Los restos se guardaban en

---

[17] Peter Warren, "Knossos: New Excavations and Discoveries". *Archaeology* (July/August 1984): p. 48-55.

tumbas de casas o en tumbas de colmenas y seguían la técnica de inhumación. Un sitio en Agia Fotiá tiene evidencia de ser una cámara reservada específicamente para niños muertos. Los minoicos no parecían cremar a sus muertos, pero enterraban a más de una persona en una sola tumba. Los arqueólogos especulan que los cuerpos enterrados en la misma parcela estaban relacionados o eran miembros de una tumba pública. Las familias ricas o notables poseían criptas, mientras que los individuos más pobres se conformaban con los cementerios públicos o sus propias tierras.

En general, las familias intentaban dejar los bienes y muebles en la tumba de sus difuntos. Nadie sabe si los minoicos creían que los muertos podían llevar los objetos a la otra vida o si había un ritual para colocar los objetos. Una teoría actual, basada en el número desmesurado de tazas y vasos con forma de animales que se encuentran en las tumbas, es que algún tipo de ritual de tostado formaba parte de la preparación del difunto para el entierro. Otros bienes funerarios comunes eran herramientas y armas, joyas, cerámica y jarras de almacenamiento especiales. Los objetos podían estar relacionados con la profesión o las preferencias personales de un individuo, por ejemplo, un granjero podía ser enterrado con su azada, mientras que un noble rico podía ser enterrado con su colgante favorito.

Las tendencias cambiaron durante la época de los últimos minoicos. En lugar de las parcelas de entierro en grupo, los minoicos preferían los entierros individuales en los que el cuerpo se colocaba en un recipiente de arcilla o se dejaba descansar en un sarcófago de arcilla o madera. Estos no se almacenaban en una tumba construida. El recipiente o sarcófago se pintaba y se cubría con escenas similares a las de los frescos, y el propio cuerpo se doblaba para que encajara en el pequeño recipiente. A pesar de la popularidad de este nuevo método, muchos de los fallecidos seguían siendo enterrados en tumbas excavadas en roca o en antiguos lugares de enterramiento familiar.

Influencia duradera en los micénicos y los griegos

Los académicos siguen divididos sobre cuánta influencia pudieron tener los minoicos en los micénicos y los griegos en lo que respecta a la religión. Quedan pocos hechos concretos sobre la cultura religiosa minoica, y el fracaso de los profesionales modernos para traducir o entender el lineal A significa que muchos no saben nada sobre los nombres de las deidades, los dominios e incluso los significados. Sin embargo, hay pruebas de que los micénicos y los griegos estaban familiarizados con los cuentos y leyendas minoicos, ya que utilizaban algunos elementos comunes e incorporaban nombres e ideas cretenses en su propio mito. Los minoicos también demostraron su influencia al proporcionar el marco para varios mitos griegos importantes, incluido el del Minotauro. A pesar de la inquietud en el campo, algunos académicos todavía se presentan y afirman que la diosa griega Atenea se derivó de la deidad de la serpiente minoica vista anteriormente. Sea cual sea el caso, la religión minoica sigue siendo un misterio y seguirá siéndolo sin que se produzcan avances en la interpretación y traducción del lineal A o en las nuevas excavaciones del sitio.

Capítulo 7 - Arte

Aunque los minoicos dejaron pocos registros escritos, sus obras de arte resistieron el paso del tiempo y siguen siendo excavadas en sitios de Creta, Santorini y las islas circundantes. Las obras de arte, la cerámica y otros ejemplos de la cultura material son beneficiosos para los académicos porque demuestran lo que los minoicos consideraban importante, sus estándares de belleza, cómo se pensaba que se veía la gente, e incluso pueden revelar las normas y distinciones de la sociedad. Estas artesanías también permiten comprender lo avanzados que eran los minoicos desde el punto de vista tecnológico, ya que ciertas técnicas requerían habilidad y comprensión de las propiedades fundamentales del metal y de los productos químicos o compuestos que se encontraban en los materiales. Por último, sus obras de arte también indican cuánto comerciaban los minoicos con otras civilizaciones y cómo influyeron en las futuras culturas del Egeo, ya que los micénicos y los antiguos griegos copiaron muchos de los estilos minoicos incluso siglos más tarde[18].

---

[18] Reynold Higgins, *Minoan and Mycenaean Art*, London: Thames and Hudson, 1997.

Cuando se habla del arte minoico, es importante señalar que los académicos solo cuentan las piezas que pueden ser fechadas entre el 2600 a. C. y el 1100 a. C. Cualquier cosa anterior o posterior tiene la posibilidad de pertenecer a una civilización separada. La mayor colección se encuentra actualmente en el Museo Arqueológico de Heraklion, cerca de Cnosos en Creta. Las piezas se clasifican como pertenecientes a los minoicos tempranos, medios o tardíos debido a algunas diferencias técnicas que aparecen[19]. Desafortunadamente, los textiles y otros materiales degradables como la madera ya se han descompuesto, por lo que los mejores ejemplos del arte minoico provienen de los productos más duraderos que los ricos habrían poseído, así como la cerámica. La alfarería es omnipresente, ya que casi todos los individuos de todas las civilizaciones del mundo necesitaban una jarra en algún momento, incluso ahora. Por estas razones, los mejores ejemplos del arte minoico son los frescos, la cerámica, la metalurgia y la joyería.

Frescos

Un fresco es una imagen pintada en una pared o techo como decoración. Se puede hacer a través de numerosas técnicas y con una variedad de materiales, pero los frescos son una de las formas de arte más antiguas y duraderas de la civilización humana. Los minoicos dejaron numerosos ejemplos, aunque un problema de su conservación es que son inherentemente frágiles, ya que las secciones pueden erosionarse, la pintura se desvanece y muchos de los frescos descubiertos parecen haber sido movidos de su lugar original por personas emprendedoras. A pesar de esto, los frescos demuestran algunos aspectos importantes de la vida, cultura y valores minoicos a través de su elección de temas y tendencias artísticas.

---

[19] Ibíd.

El fresco del pescador

Los arqueólogos y especialistas en arte creen que el trabajo hecho por los minoicos es un ejemplo de buon fresco. En esta técnica, el artista utiliza pigmentos de color para pintar sobre yeso de cal húmedo. No hay ningún aglutinante, lo que significa que el yeso absorbe la pintura y protege la imagen de la decoloración. Los profesionales pueden detectar esta técnica observando las impresiones de las cuerdas dejadas en el yeso, así como la profundidad de las capas de pintura. El grosor demuestra cómo los minoicos habrían aplicado la pintura húmeda directamente sin depender de materiales adicionales[20].

---

[20] M. A. S. Cameron, R. E. Jones y S. E. Philippakis, "Scientific Analyses of Minoan Fresco Samples from Knossos". *The Annual of the British School at Athens* 72 (1977): pgs. 121-184.

En general, los frescos minoicos poseían un efecto tridimensional y utilizaban numerosos colores brillantes. Los más populares eran el azul, el blanco, el rojo y el negro, aunque a veces aparecían el amarillo y el verde. El sombreado no parecía existir. Basándose en los frescos existentes, los profesionales creen que los minoicos copiaron algunas de las obras de arte de los egipcios haciendo que la piel de las mujeres fuera blanca y la de los hombres roja, y asignando diferentes colores primarios a los metales preciosos. Por ejemplo, la plata se representaba como azul mientras que el bronce era rojo.

Los minoicos representaron numerosas escenas en sus frescos, muchas de las cuales tenían un significado cultural. Algunas de las más comunes eran imágenes de los saltos de toro, así como festivales, rituales y potencialmente ceremonias religiosas. A menudo aparecían sacerdotisas, así como bailarinas. Los sujetos naturales y los animales salpicaban los frescos por todos los asentamientos minoicos con flores identificables como lirios y crocus. Los animales se mostraban en sus hábitats naturales e incluían lo mundano, como las cabras, y lo mitológico, como el grifo. Se podían encontrar cañas y representaciones de criaturas marinas como los peces voladores, especialmente en los palacios. Los delfines parecen ser los favoritos de la cultura minoica.

El Fresco de Pez Volador

Las técnicas y temas de los frescos minoicos duraron mucho tiempo después del fin de su civilización. En particular, los micénicos copiaron la técnica de los frescos minoicos e incluyeron muchos de sus temas, aunque sus artistas también destacaron la importancia de la cultura militar y material. Algunos arqueólogos también relacionan los frescos egipcios posteriores con los minoicos porque contienen muchas de las mismas técnicas, en particular, la obra de Tell el Dab'a[21].

Los frescos son algunos de los artefactos más significativos para los académicos porque demuestran lo que era importante para los minoicos. Los profesionales pensaron durante mucho tiempo que los minoicos eran pacíficos, y parte de su evidencia era la clara falta de armamento o escenas militaristas en los frescos que sobrevivieron. Parecía que los minoicos se contentaban con representar sus vidas cotidianas, hombres y mujeres hermosas y la gloria de la naturaleza que los rodeaba. La incorporación de patrones geométricos, así como de técnicas artísticas de Egipto mostraba cuánto comerciaban los minoicos y cómo estas interacciones afectaban a su propia cultura. Aunque los frescos revelan mucho, comparten su posición como la forma de arte más significativa que sobrevive con la cerámica, una habilidad omnipresente que produjo tanto piezas mundanas como elaboradas.

Cerámica

Los académicos contemporáneos saben una cantidad ridícula sobre la cerámica minoica porque gran parte de ella se ha encontrado en sitios en todo el mar Egeo. La cerámica es una herramienta importante para datar la civilización minoica porque los profesionales pueden saber la edad de los materiales examinando las técnicas utilizadas y el desgaste de la superficie. Los estilos artísticos y las elecciones de diseño revelan información sobre los diferentes

---

[21] Sara Cole, "The Wall Paintings of Tell el-Dab'a: Potential Aegean Connections". Pursuit - The Journal of Undergraduate Research at the University of Tennessee 1, no. 10 (2010).

períodos de tiempo en los que se hizo la cerámica, y la presencia de muestras en todo el Mediterráneo en lugares como Egipto, Siria y Chipre demuestra hasta qué punto comerciaban los minoicos[22].

Las cerámicas descubiertas en Creta y sus alrededores incluyen vasijas, ritones, figuras de cerámica y algunas pequeñas estatuas. Los sarcófagos de cerámica se hicieron populares durante el período minoico medio y tardío y pueden encontrarse llenos de cenizas cremadas, aunque la cremación no era común. La mayor parte de la colección mundial de cerámica minoica se encuentra actualmente en el Museo Arqueológico de Heraklion en Creta. Los arqueólogos siguen sin estar seguros de cómo se producía la cerámica, pero se sospecha que las piezas se hacían individualmente o en pequeñas cantidades en talleres específicos donde había suficiente arcilla. Tanto hombres como mujeres eran alfareros y trabajaban durante todo el año para producir los bienes buscados. Algunos talleres se ocupaban específicamente de los palacios, mientras que otros producían objetos para el público en general.

Ritón de cabeza de toro minoico tardío

---

[22] Philip B. Betancourt, *The History of Minoan Pottery*, Princeton: Princeton University Press, 1985.

Las primeras cerámicas minoicas continuaron las tradiciones del período Neolítico Final. Los objetos que datan de este período tienden a presentar variaciones locales que indican que no había un patrón o técnica establecida entre los minoicos en esta etapa. Esta cerámica se puede dividir en varios tipos diferentes: Cerámica de Pirgos, Cerámica incisa, Agios Onouphrios, Cerámica Vasilikí, Cerámica gris fina, Cerámica Lebena, y Cerámica Kumasa. Estas clasificaciones se refieren a la forma general que tomó la cerámica, así como su acabado, color y técnica potencial de elaboración.

La cerámica de Pirgos, también conocida como cerámica bruñida, tendía a ser cálices creados haciendo una taza y uniéndola a un soporte en forma de embudo. Los arqueólogos sospechan que este tipo se usaba para los rituales en el sitio de Pirgos donde se excavaron los cálices. El sitio parecía ser un refugio de roca con significado religioso. Los cálices de Pirgos serían negros, marrones o grises y tendrían un patrón lineal inscrito alrededor de la pieza. La cerámica incisa, llamada cerámica grabada, eran jarras bruñidas y jarras bulbosas cubiertas de patrones de líneas incisas. Se pueden encontrar en el norte y noreste de Creta, y los académicos creen que el patrón podría haber sido importado de otra civilización.

Agios Onouphrios es una colección de cerámica con líneas paralelas pintadas alrededor de las piezas. Este tipo de cerámica fue coloreada con un deslizamiento de arcilla roja que podía ser oxidado en un horno. Este estilo se encontró en el norte y el sur de Creta. La cerámica de Lebena fue encontrada en los mismos lugares y era un estilo similar de cerámica con patrones blancos pintados en arcilla roja. Ambos estilos datan del 2600 a. C.-1900 a. C.[23]

La cerámica Vasilikí presenta un vidriado moteado, algunos esfuerzos para controlar el color, y caños alargados. Los alfareros hacían el efecto moteado manipulando el calor a través de una cocción desigual para crear colores oscuros. Podrían haber colocado

---

[23] Ibíd.

carbones calientes contra la arcilla también para cambiar ciertos puntos. La cerámica Vasilikí se puede encontrar en el este de Creta.

Jarrón minoico temprano, c. 2400 a. C. - 2200 a. C.

Finalmente, los primeros minoicos produjeron cerámica Kumasa y fian gris. La cerámica Kumasa es similar a Agios Onouphrios y tiende a presentar diseños rojos y negros en una vasija de arcilla ligera. Estos tienden a ser tazas, tazones, jarras y otros recipientes para beber. La cerámica fina gris es similar, pero tiende a ser cilíndrico con una superficie pulida. Los alfareros incidían formas en estas vasijas para crear diseños.

El período minoico medio vio el surgimiento de una cultura palaciega urbanizada que requería vasijas versátiles que pudieran ser usadas para el almacenamiento y el uso diario. La creación de cerámica se estandarizó en los talleres, y se produjeron más artículos de élite, creando una diferencia entre las vasijas utilizadas por los nobles y las utilizadas por los plebeyos. La rueda de la cerámica llegó a los minoicos del Levante, y los artesanos y artesanas se hicieron más hábiles en el uso de las tiras de arcilla de color rojo hierro para añadir colores a las vasijas en hornos aislados. De este período surgieron los Pitos, que eran enormes recipientes de almacenamiento capaces de contener 1.100 libras de líquido. Se encontraron más de 400 en las ruinas del palacio de Cnosos. En esta época, los artesanos pintaron menos escenas naturales y en su lugar prefirieron motivos de formas geométricas, espirales y elaborados verticilos.

Con las nuevas técnicas y los cambios culturales llegaron nuevos estilos de cerámica. Estos fueron los incisos, la barbotina, la cáscara de huevo, y los Kamarés. Los incisos se asemejaban a los diseños incisos de los primeros minoicos con algunos ligeros cambios en la temática. La barbotina era bulbosa, con protuberancias elevadas, perillas, conos, crestas y ondas aplicadas añadiendo más arcilla a un producto para darle textura y definición. En algunas piezas, estos diseños imitaban el crecimiento del percebe que se veía en los barcos. La cerámica de cáscara de huevo recibe su nombre porque está compuesta de arcilla fina como el papel.

Una gran colección de cerámica de Kamarés fue descubierta en el santuario de la cueva de Kamarés en el monte Ida en 1890. En la colección había algunas de las primeras vasijas policromadas y evidencia de cerámica hecha en la nueva rueda importada desde el este. Estas vasijas tendían a tener fondos claros y estaban cubiertas de rojos, marrones y, a veces, blancos para crear espirales, diseños florales y otras formas. La simetría era clave, pero los artistas tendían a ser creativos.

Una colección de copas minoicas medias de Festo

Hacia el final del período minoico medio, los artistas se alejaron de sus diseños geométricos y en su lugar se centraron una vez más en motivos animales y de la naturaleza. Estos podían incluir vegetación, flores, lirios, palmeras y otra flora local. Sorprendentemente, a pesar del auge de los diseños de la naturaleza, el verde no se usó en la cerámica, quizás por su dificultad para mezclarse con los materiales disponibles.

Por último, estaba la cerámica de los minoicos tardíos. En esta época, los minoicos comenzaron a influenciar los estilos de otros pueblos del mar Egeo y exportaron su trabajo hasta Egipto. El estilo floral del minoico medio tardío continuó, siendo la escena más popular las hojas y flores pintadas de rojo y negro sobre fondo blanco. Los arqueólogos pueden decir qué piezas vinieron de cada taller porque la cerámica exhibe los sellos distintivos de determinados artistas. Los nombres, sin embargo, siguen siendo desconocidos.

Más tarde, los alfareros comenzaron a usar el estilo marino. Aquí, escenas enteras fueron hechas de criaturas marinas con fondos de algas, esponjas y rocas. Los pulpos eran algunos de los más emblemáticos, y todo el estilo evitaba la estructura para hacer que los animales parecieran flotar en el envase. El estilo marino es considerado el último verdadero estilo minoico porque la erupción de Thera siguió poco después y destruyó muchos de los talleres y centros de producción[24].

Jarra de cerámica minoica de estilo marino, 1575 a. C.-1500 a. C.

Esta imagen demuestra lo importante que era para los artistas minoicos cubrir el lienzo de su trabajo con elaborados e intrincados diseños. Esta jarra, producida en el siglo XVI a. C., presenta una hermosa representación de la vida marina, así como simples, pero opulentos patrones geométricos alrededor de la boca y el mango. Es probable que esta jarra en particular fuera hecha para decoración más que para fines utilitarios, pero la obra de arte sigue siendo reveladora.

---

[24] Ibíd.

Esta pieza en particular es un ejemplo del estilo marino minoico tardío.

Metalurgia

Otra forma de arte era la metalurgia, o la creación de adornos, joyas e incluso tazas de metales como el oro y el cobre. Ambos materiales necesitaban ser importados, y demostraban el estatus de sus dueños. Una técnica común para el trabajo de los metales era la granulación del oro, que permitía a los artistas crear piezas elaboradas como el famoso colgante de abeja de oro, un collar que parece una abeja con alas. Para hacer tales artículos, los artesanos necesitaban comprender las propiedades básicas del metal y ser capaces de manipular el fuego a temperaturas precisas para unir el oro sin quemarlo. Estas habilidades se desarrollaron a lo largo de los tres períodos minoicos, ya que los minoicos aprendieron primero a dar forma al bronce y comenzaron a incorporar más metales a medida que sus redes comerciales se expandían.

Los arqueólogos han localizado recipientes de metal en Creta que datan aproximadamente de la mitad del período minoico temprano, o alrededor del 2500 a. C. Algunos de los trabajos en metal más recientes datan de 1450, lo que indica que los minoicos seguían produciendo sus icónicas artesanías hasta la caída de su civilización. Los primeros ejemplos de metalurgia se hicieron con metales preciosos como el oro, pero los productos más recientes se hicieron con arsénico o bronce de estaño. Los historiadores sugieren que la adaptación fue el resultado de que más individuos pudieron permitirse la metalurgia, así como un mayor suministro de materiales, ya que se seguían fabricando objetos de metales preciosos. Sin embargo, la mayoría pertenecía a familias de clase alta. Las copas formaban la mayoría de la metalurgia de metales preciosos, mientras que un conjunto más diverso de objetos podían ser hechos de bronce. Estos incluían cacerolas, tazones, tazas, lámparas, cuencos, calderos y ritones.

Los minoicos exportaron sus productos de metal a las diversas civilizaciones con las que comerciaban. En la Grecia continental se han encontrado bastantes tazas y vasijas con características minoicas. Se cree que los minoicos vendieron su metalurgia a los micénicos o les regalaron piezas elaboradas. Los objetos no comercializados se usaban en casa para cocinar, almacenar alimentos y quizás para rituales de tostado relacionados con el culto minoico. La metalistería de bronce y oro se encuentra frecuentemente en las tumbas.

Los minoicos hacían sus vasijas de metal principalmente a través de la fundición a la cera perdida o el levantamiento de láminas de metal. Se usaban martillos de piedra y herramientas de madera para levantar el metal caliente hasta darle la forma deseada, y las piezas adicionales como las patas y los mangos debían fundirse por separado y luego remacharse en el cuerpo de una pieza. Los metalúrgicos sabían cómo incrustar metales preciosos adicionales, recipientes dorados, y añadir numerosas decoraciones como vida marina, toros, flores y formas geométricas.

Joyería

Los minoicos hacían y usaban joyas inspiradas en la naturaleza, con los diseños más populares que incluían flores, animales y abejas. Sus técnicas y elecciones fueron influenciadas por las civilizaciones y culturas con las que comerciaban, incluyendo a los babilonios y egipcios. Numerosos depósitos de estos artículos de lujo fueron descubiertos por los arqueólogos en múltiples islas debido a la durabilidad del metal. Una de las mayores colecciones de joyas era parte del Tesoro de Egina, un tesoro de oro precioso encontrado en la isla de Egina. Todas las joyas incluían oro, ya sea como materia prima o como acento para las cuentas. La colección incluía cuatro anillos para dedos, tres diademas, un colgante o broche de pecho, dos pares de pendientes, al menos cinco anillos adicionales y no usables, una copa de oro, un brazalete de oro macizo y numerosas tiras decorativas[25].

Como sus islas incluían depósitos de metales naturales y recursos como plata y bronce, los minoicos pudieron extraer materiales y luego perfeccionar las prácticas de fundición y trabajo con metales[26]. Debido a la delicada naturaleza de la fabricación de joyas, la mayoría de los artesanos y artesanas completaban las piezas individuales a mano. Las principales excepciones eran cuando alguien quería crear anillos o cuentas individuales para collares. Debido a la naturaleza minúscula de estas piezas, los minoicos se basaban en una técnica llamada fundición a la cera perdida.

El íbice dorado de abajo fue encontrado en Santorini y, aunque quizás no era minoico, usaba el mismo proceso para ser creado que los minoicos usarían para hacer estructuras de metal como cuentas. En la fundición a la cera perdida, se creaba un molde de cera con un diseño ahuecado en el interior. El molde sería sellado, y el material fundido se vertería a través de una abertura cerca de la parte superior. El metal se endurecería y tomaría forma en el molde, resultando en objetos y diseños elaborados que podrían ser rehechos una y otra vez[27].

---

[25] R. Higgins, *The Aegina Treasure - An Archaeological Mystery*, London: 1979.

[26] Aunque los minoicos pudieron extraer algo de oro del subsuelo, la mayor parte de su suministro provino del comercio con el norte de África, donde el metal era más común.

[27] J.V. Noble, "The Wax of the Lost Wax Process". *American Journal of Archaeology*, 79, no. 4 (1975).

Estatua de la cabra montés de oro c. Siglo XVII a. C. (Santorini)

Entonces, ¿qué les gustaba usar a los minoicos en sus joyas?

Los metales preciosos tendían a formar la base de todas las piezas. Las personas más ricas podían permitirse joyas hechas completamente de oro o plata, mientras que las piezas de bronce y de bronce chapado en oro eran más rentables y las usaba la gente común. Los minoicos pudieron comerciar o extraer una variedad de piedras semipreciosas y minerales que ofrecían colores brillantes y contrastes. Las favoritas parecían ser el lapislázuli (azul), la cornalina (naranja), el granate (rojo intenso) y la obsidiana (negro). A veces los joyeros también usaban jaspe, una piedra que estaba disponible en una variedad de tonos, incluyendo el raro verde. Las amatistas procedían de Egipto y tuvieron un gran auge entre los minoicos, en parte porque su comercio era algo económico. Según varios académicos, la disminución del valor de la amatista se produjo una vez que la nobleza egipcia dejó de favorecer la piedra semipreciosa. En resumen, el vibrante material púrpura pasó de moda[28].

---

[28] Jacke Phillips, "Egyptian Amethyst in the Bronze Age Aegean". *Journal of Ancient Egypt Interconnections* 1, no. 2 (2009).

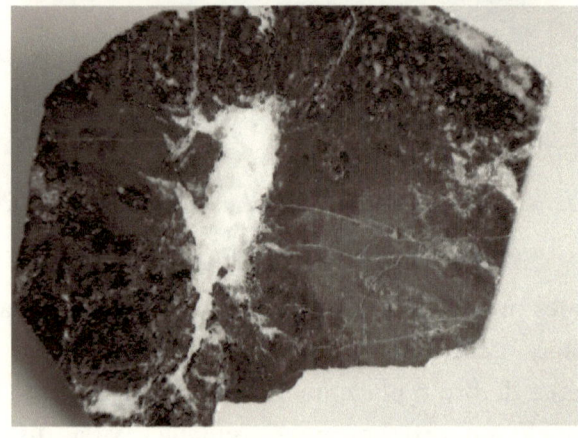

Amatista y Lapislázuli

Otras opciones eran artículos y materiales más creativos como conchas, que podían ser recolectadas a lo largo de las costas de Thera y Creta. La esteatita, o piedra de jabón, era un mineral duro con un aspecto cremoso y semitranslúcido que destacaba sobre el metal recogido en las islas locales. Los minoicos también comerciaban con marfil de África. Los materiales azules siguieron teniendo una gran demanda debido a la rareza del color en el mundo natural, así como al hecho de que los minoicos disfrutaban de la decoración y los motivos marinos y acuáticos. Los comerciantes iban a Egipto para traer de vuelta una sustancia llamada frita azul, o azul egipcio, que era un material sintético que no era exactamente loza egipcia y no vítreo.

La loza egipcia, en general, demostró estar de moda. La loza egipcia era una sustancia particular desarrollada por los egipcios a partir de cuarzo y arena. El resultado fue un material vítreo y moldeable que podía ser moldeado, endurecido y secado. Los acabados se aplicaban al exterior para que el producto final cambiara de color una vez expuesto al calor del proceso de secado. Estos acabados incluían cantidades variables de óxido de cobre, magnesio, calcio, potasio y sodio. Una vez más, la elección de color más popular para la loza egipcia era el azul, aunque los minoicos también importaban el material en verde, rojo, negro y blanco. Algunos análisis químicos también indican que los minoicos podrían haber sabido cómo hacer su propia loza, potencialmente imitando los métodos aprendidos de los artesanos egipcios[29]. Una vez más, el color favorito era un azul brillante que no era claro, pero tampoco muy rico. El mejor ejemplo del color proviene de un artefacto egipcio (y un favorito personal de este autor), el hipopótamo "William".

"William", el hipopótamo de la antigua loza egipcia

---

[29] M.S. Tite; Y. Maniatis; D. Kavoussanaki; M. Panagiotakic; J. Shortland; S.F. Kirk, "Colour in Minoan faience". *Journal of Archaeological Science* 36, no. 2 (2009): pgs. 370-378.

A pesar de ser la mercancía más rara, el oro era favorecido porque simbolizaba el estatus y la riqueza del portador. Solo aquellos con un alto nivel económico podían permitirse una sola pieza de joyería de oro. El oro también es un metal blando, lo que hace que sea fácil de trabajar, pero también simple de raspar. Los artesanos necesitarían la experiencia necesaria para no arruinar sus suministros, y su artesanía se mostraba en sus productos acabados. Debido a su suavidad, el oro apareció en numerosas formas en la joyería. Podía ser batido, grabado en relieve, e incluso perforado con sellos para hacer un diseño consistente. También podía ser transformado en materiales más delicados como la filigrana o la hoja de oro. Algunas joyas incluso muestran la antigua técnica de granulación, donde minúsculas esferas de oro podían ser adheridas a una pieza principal de joyería aplicando y calentando una mezcla de sal de cobre y pegamento hasta la conexión deseada. Esta orfebrería no era para los débiles de corazón.

Los minoicos produjeron casi todo tipo de joyas imaginables, incluyendo collares, brazaletes, diademas, horquillas, cadenas, broches, brazaletes e incluso piezas pectorales. Sin embargo, los anillos tenían un gran significado cultural porque podían utilizarse como sellos en los documentos administrativos. Estos anillos tenían tallas distintivas que formaban un diseño al ser prensados en cera caliente. Muchos anillos de sello eran de oro sólido, aunque algunos también incluían conchas y materiales duros que no se verían afectados por la cera. Algunos podían abrirse y cerrarse para exponer el sello. El diseño estándar era un óvalo convexo unido en ángulo recto al aro del anillo.

"El Anillo de Minos", c. 1500 - 1400 a. C.

Los Signet o anillos de sello llevaban todo tipo de patrones y escenas completas en miniatura de eventos con significado cultural, incluyendo el salto de toros y la caza. Los paisajes y los animales eran frecuentemente representados, incluyendo insectos y arácnidos como mariposas y arañas[30]. Como muchas joyas y arte minoico, los artistas preferían llenar toda la superficie con grabados, así que diferentes elementos luchaban por el espacio. Esto hace que la imagen total sea difícil de ver en varios casos, pero también es un testamento de la artesanía de los trabajadores. En la actualidad, los arqueólogos han descubierto más de doscientos anillos separados o impresiones duraderas, lo que demuestra la prevalencia e importancia del anillo de sello.

Un legado duradero de los minoicos fue su joyería. Sus técnicas y estilos siguieron siendo utilizados por otras comunidades del Egeo mucho después de que su civilización desapareciera. Sus sucesores, los micénicos y los antiguos griegos, siguieron utilizando el oro, incluyendo temas como la vida salvaje y las flores, y destacaron la importancia de los sellos y los artículos de lujo como símbolos de estatus.

---

[30] Se pueden encontrar ejemplos y un estudio más detallado de la importancia cultural de los anillos en: Archaeologies of Cult: Essays on Ritual and Cult in Crete in Honor of Geraldine C. Gesell (Hesperia Suppl. 42), editado por Anna Lucia D'Agata y Aleydis van der Moortel, pp. 43-49. Princeton: American School of Classical Studies at Athens 2009.

Capítulo 8 - Arquitectura

Los minoicos poseían una forma de arquitectura simple, pero con estilo. La mayoría de los edificios tenían techos de tejas planas y tenían entre dos y tres pisos de altura, incluyendo casas en las ciudades. Los muros inferiores estaban hechos de piedra comprimida y escombros con poco mortero, mientras que en los niveles superiores se utilizaba el ladrillo de barro. El ladrillo de barro es un material de construcción compuesto de ladrillos secados al aire hechos de una mezcla de arena, marga, agua, barro y materiales aglutinantes como cáscaras de plantas. Eran fáciles de hacer y han existido de alguna forma desde el 7000 a. C. Los minoicos cocinaron su ladrillo de barro, lo que hizo que cada ladrillo fuera más duradero. Los interiores de los edificios tenían pisos de laja, yeso o madera. Algunas casas más pobres podrían haber usado tierra apisonada, pero no queda ninguna prueba.

Edificios importantes como palacios y villas fueron construidos con materiales más resistentes y difíciles de obtener como la piedra caliza, la arenisca y el yeso. No había un patrón único para la construcción, ya que los edificios en diferentes lugares se basaban en bloques de material pesado y megalítico o en mampostería de sillería. Las piedras de sillería se cortaban cuidadosamente para que fueran uniformes, pequeñas y estables. Tanto los palacios como los edificios regulares usaban maderas de techo para mantener el tejado en su sitio.

Debido a que los asentamientos de la isla eran pequeños, los minoicos pudieron pavimentar sus caminos usando piedras. Esto facilitó el movimiento de las carretas tiradas por bueyes entre las granjas, la costa y las ciudades.

Fontanería

La gente a veces olvida que mientras que la plomería moderna es un lujo del que los humanos antiguos carecían, las civilizaciones todavía construyeron intrincados sistemas diseñados para manejar el manejo de desechos. Especialmente alrededor del mar Mediterráneo y más al este hacia el Levante, las sociedades construyeron sistemas de alcantarillado y evitaron las desagradables condiciones de los europeos medievales, en los que muchas audiencias modernas tienden a pensar cuando tratan de imaginar las cañerías históricas.

Para los minoicos, el aspecto más importante de la fontanería era el desarrollo de grandes y extensas vías fluviales que podían proporcionar agua dulce y también arrastrar residuos y aguas pluviales indeseables que podían estar contaminadas con suciedad[31]. Los minoicos avanzaron y crearon sus propios acueductos, cisternas y pozos aislados para asegurar que el agua dulce, un recurso precioso en medio del mar, no se desperdiciara ni se mezclara con los desechos humanos. Para facilitar la fontanería, los trabajadores de la construcción incluyeron la construcción de la fontanería en sus diseños. Por ejemplo, la tendencia minoica a los tejados planos y a las entradas inclinadas en los patios abiertos ayudó a los individuos a recoger el agua de la lluvia y a colocarla en cisternas[32]. Las grandes estructuras como los palacios también tendían a tener tuberías que

---

[31] J.B, Rose y A.N, Angelakis, *Evolution of Sanitation and Wastewater Technologies through the Centuries*. London: IWA Publishing, 2014, pg. 2

[32] Rose y Angelakis, *Evolution of Sanitation*, pg. 5.

corrían a través y alrededor del edificio, persiguiendo el agua en áreas de almacenamiento designadas.

Las alcantarillas del palacio de Cnosos con un tubo de piedra

Aún más alucinante es que los minoicos desarrollaron algunos de los primeros dispositivos de tratamiento de aguas. El más común era un tubo de arcilla poroso por el que el agua podía fluir repetidamente. El agua se deslizaba a través de los poros de la arcilla, dejando atrás suciedad y escombros demasiado grandes para pasar por los agujeros microscópicos. Sin embargo, como se puede imaginar, la mayoría de los ejemplos de fontanería intrincada procedían de las ciudades, y se especula con que los minoicos de las zonas rurales se vieron obligados a vivir sin ella. Sin embargo, las familias rurales todavía poseían el sentido común de almacenar la lluvia y el agua dulce en cisternas separadas o incluso en vasijas para mantenerla limpia y alejada de los residuos humanos y animales.

Palacios y Columnas

Los palacios eran grandes complejos de edificios diseñados para servir a fines administrativos y defensivos. Los registros y las cuentas comerciales podían almacenarse en archivos y mantenerse a salvo del entorno, y la gente también podía buscar refugio detrás de los muros durante los ataques y los desastres naturales como el tsunami que azotó Creta. La mayoría de los palacios han sido descubiertos por los arqueólogos en Creta, principalmente en la ciudad de Cnosos. Cada palacio excavado posee características únicas, pero todos los palacios minoicos comparten algunas características básicas como columnas gigantes, patios, áreas de almacenamiento designadas, múltiples pisos y robustas escaleras interiores y exteriores. Debido a que los palacios necesitaban sobrevivir varias generaciones y preservar los bienes y registros, fueron construidos con piedra pesada para una máxima durabilidad.

Los arqueólogos datan los primeros palacios al final del período minoico temprano, alrededor del tercer milenio a. C. Las estructuras más antiguas existentes se encuentran en Malia y proporcionan información básica sobre el plan de construcción minoico[33]. Debido a las variaciones en la edad de los cimientos de las secciones de la misma estructura, los académicos creen que los minoicos construyeron originalmente palacios más pequeños y luego agregaron nuevos desarrollos a lo largo del tiempo para adaptarse a las necesidades de la comunidad. Aunque hay algunas diferencias en los estilos de los períodos de tiempo minoico temprano, medio y tardío, la arquitectura y el diseño no cambiaron mucho a lo largo de los siglos. Los nuevos palacios de los minoicos medios compartían rasgos comunes con los estilos de construcción de los minoicos tempranos, incluyendo el espacio para los tribunales occidentales y las detalladas fachadas occidentales que incluían refuerzos y decoración adicionales. Algunos creen que este tratamiento indica que la dirección cardinal hacia el oeste tenía algún significado cultural.

Los palacios se construyeron para que coincidieran con las características geográficas y la topografía preexistentes para lograr la máxima estabilidad y fluidez. Los edificios también se alineaban con hitos significativos como el monte Ida y el monte Juktas en un distintivo eje norte-sur, lo que indica que las montañas poseían una

---

[33] Donald Preziosi y Louise A. Hitchcock, *Aegean Art and Architecture*, Oxford History of Art series, Oxford University Press, 1999.

forma de significado ritual[34]. Un ejemplo de este tipo de comportamiento de las sociedades más modernas sería la tendencia de las iglesias cristianas a mirar al este hacia el sol debido a la importancia de la salida del sol. Esta tendencia pareció perder importancia en los palacios construidos durante el período minoico medio tardío, aunque las fachadas occidentales seguían recibiendo un tratamiento especial mediante el uso de mampostería de sillería de piedra arenisca.

A pesar de las numerosas similitudes, la arquitectura de los palacios cambió lentamente debido a la aplicación de técnicas de construcción más eficientes y a un aumento de la población que facilitó la construcción. Por esta razón, los académicos tienden a dividir la arquitectura en el período del Primer Palacio y el período del Segundo Palacio. Durante el período del Primer Palacio, la construcción interior de un palacio seguía un diseño básico de sala cuadrada por sala cuadrada en el que los individuos entraban y caminaban directamente de una sala a otra sin estructuras intermedias como pasillos. En el período del Segundo Palacio, este diseño simplista no tuvo éxito y fue reemplazado por la tendencia a construir divisiones internas más elaboradas, pasillos y áreas de "hueco" entre las habitaciones principales.

Mucha de la información actual sobre la estructura de los palacios minoicos proviene de la mayor y más completa ruina minoica que existe: el palacio de Cnosos[35]. Este palacio mide aproximadamente 492 pies de ancho y tiene un área de 215.278 pies cuadrados. Algunos especulan que los pisos superiores de la estructura poseían más de mil cámaras separadas que variaban en tamaño y estaban separadas por pasillos. El palacio era tan extenso durante su época que muchos lo asocian con el mito griego del toro de Minos, o el

---

[34] Ibíd.

[35] Anna Lucia D'Agata, "The Many Lives of a Ruin: History and Metahistory of the Palace of Minos at Knossos". *British School at Athens Studies* 18 (2010).

Minotauro, del cual los minoicos obtienen su nombre moderno gracias a Arthur Evans.

Un segmento existente del Palacio de Cnosos

El palacio de Cnosos presenta quizás la mayor contribución minoica a la arquitectura del Mediterráneo, que son las columnas rojas que se ven en la foto de arriba. Estas columnas estaban invertidas, lo que significa que la parte superior es más ancha que la base. Este estilo era el opuesto al que usaban los griegos, que favorecían bases más amplias que acentuaban la altura de la estructura. Los minoicos adicionalmente hicieron sus columnas de madera en vez de piedra, aunque la columna estaba montada sobre una base de roca básica para su estabilidad. La parte superior de las columnas tendía a ser redondeada o almohadillada, de nuevo llamando la atención hacia arriba y poniendo énfasis en el techo[36].

---

[36] F. Bourbon, *Lost Civilizations*, New York: Barnes and Noble, Inc., 1998.

La arquitectura del palacio de Cnosos es más compleja que la de otros sitios existentes, con toda la estructura construida alrededor de un patio central y que consiste en extensos pórticos, escaleras, cámaras, áreas de almacenamiento y una sala de embellecimiento potencial donde hombres y mujeres por igual irían a maquillarse — algunos académicos incluso consideran que es el equivalente de un salón de hoy en día. Las cámaras en diferentes niveles podrían estar conectadas por rampas, escaleras ocultas, o construidas en características geográficas previamente existentes como laderas, dando a todo el palacio una apariencia elaborada, pero azarosa. A pesar de esto, el palacio de Cnosos es hermoso, con algunos de los más detallados y coloridos frescos pintados por los minoicos. Estos frescos no solo estaban reservados para el salón del trono, ya que incluso se encontraron en zonas de almacenamiento.

Una vez más, los temas más comunes de las obras de arte fueron los siempre presentes delfines, peces, flores, azafrán y saltos de toro. Algunas áreas, como el salón del trono, presentan criaturas más inusuales, incluyendo un animal rojo con apariencia decorativa. El rojo y el azul eran los colores más populares.

Capítulo 9 - Teorías sobre el colapso de la civilización

Según todos los indicios, los minoicos tenían una civilización floreciente y parecían tener un control sobre el mar que rodeaba sus islas. Estas ventajas no los salvaron, sin embargo, de que eventualmente se desmoronaran y perdieran su cultura en favor de sus vecinos cercanos como los micénicos. Las pruebas recogidas en islas como Creta indican que algo enorme sucedió que sacó a los minoicos de su situación favorable, convirtiéndolos en presa fácil de vecinos más militaristas. En la actualidad, hay una teoría importante sobre por qué la civilización minoica se derrumbó: los resultados de la erupción de Thera.

La teoría de la erupción minoica

El hogar minoico de Santorini existía en un lugar peligroso. Como se puede ver en la imagen adjunta, el grupo de islas de Santorini consistía en varias pequeñas masas de tierra, incluyendo la propia Santorini (Thera), Therasia y las islas Kaméni. En el centro de este grupo había una caldera que aún existe en tiempos contemporáneos. Una caldera es un hueco parecido a un caldero en una región volcánica que se forma cuando entra en erupción una cámara o depósito de magma. Esta evacuación repentina desplaza el suelo, dando lugar a un colapso que crea un sumidero de tierra blanda y material fundido. Con el tiempo, la caldera puede rellenarse lentamente con el magma de los cuerpos volcánicos circundantes y estar lista para entrar en erupción una vez más.

Hoy en día, la caldera de Santorini mide 7,5 x 4,3 millas y tiene acantilados de 980 pies en tres lados. Los volcanes en escudo superpuestos forman la base de la caldera y a menudo crean nuevas calderas más pequeñas a partir de sus erupciones. Las dos islas del centro, Nea Kaméni y Palea Kaméni, están hechas de roca volcánica y cenizas de erupciones anteriores.

El arqueólogo griego Spyridon Marinatos desarrolló la teoría de la erupción minoica entre 1935 y 1939. Según esta teoría, hubo una erupción masiva en Thera entre 1550 y 1500 a. C. Fue una de las mayores explosiones volcánicas de la historia conocida y expulsó entre 14 y 24 millas cúbicas de material. En la escala moderna del Índice de Explosividad Volcánica, la erupción obtuvo un 7.[37]

La erupción de Santorini generó tanto flujo que devastó el cercano asentamiento minoico de Akrotiri y lo cubrió con una gruesa capa de piedra pómez. Santorini estaba aproximadamente a 62 millas de Creta, donde se encontraban los principales asentamientos minoicos. Según Marinatos, la erupción fue tan devastadora que afectó gravemente el desarrollo y la estabilidad de la cultura minoica. En las teorías de la primera mitad del siglo XX, los académicos propusieron que tanta ceniza volcánica provino de la explosión de Thera que la vida vegetal de la mitad oriental de Creta fue completamente asfixiada e incapaz de crecer. Esto hizo que la población local se muriera de hambre e impidió un nuevo crecimiento y un mayor desarrollo de la cultura y el ejército.

---

[37] Sigurdsson H, Carey, S, Alexandri M, Vougioukalakis G, Croff K, Roman C, Sakellariou D, Anagnostou C, Rousakis G, Ioakim C, Gogou A, Ballas D, Misaridis T, y Nomikou P, "Marine Investigations of Greece's Santorini Volcanic Field". *Eos* 87, no. 34 (2006).

Tras un examen más detallado con instrumentos modernos, los científicos descubrieron que no más de 5 milímetros de ceniza cubrieron ninguna sección de Creta, lo que indica que el crecimiento de las plantas no se habría visto afectado por el material volcánico. En cambio, había evidencia de algo igual de mortal. La explosión en Thera generó tanta fuerza que un tsunami masivo golpeó la costa de Creta y destruyó los asentamientos a lo largo de la mitad oriental de la isla[38]. El pueblo de Cnosos perdió la mayor parte de su riqueza e importancia, y la relevancia regional del asentamiento disminuyó.

Sin embargo, el declive no fue inmediato. Se han encontrado numerosos restos en la capa de ceniza minoica del siglo XVI que indican que el colapso no fue inmediato. La gente continuó viviendo, creando arte, reproduciéndose y comerciando con las civilizaciones circundantes, pero la erupción causó problemas significativos. Debido a que los minoicos dependían de su posición como potencia marina, la perturbación del tsunami puso en peligro su funcionamiento. Las pruebas indican que muchos de sus barcos de navegación habrían sido destruidos, y los almacenes y mercancías en Cnosos y otros asentamientos en la costa este de Creta también habrían desaparecido. Esto significó que el comercio y la defensa general declinaron significativamente.

Si la destrucción fue suficiente para iniciar inmediatamente el colapso de la civilización es el tema de un acalorado debate. Los asentamientos en Creta muestran que el armamento micénico fue enterrado en los sitios poco después de la erupción inicial, y los micénicos aún tardaron varias décadas en deponer a los minoicos. Lo que es seguro es que la erupción dio lugar a una grave crisis económica y de recursos que hizo a los minoicos vulnerables a los ataques. Según el académico Sinclair Hood, los minoicos probablemente sucumbieron a una fuerza invasora después de la

---

[38] Floyd W. McCoy y Grant Heiken, "Tsunami Generated by the Late Bronze Age Eruption of Thera (Santorini), Greece". *Pure and Applied Geophysics*, 157, no. 157 (2000).

erupción[39]. Él y varios otros creen que, debido a la desigualdad de los daños y la destrucción en Creta, los micénicos fueron los verdaderos destructores de la civilización minoica en Creta. Esto se evidencia además por el hecho de que el palacio de Cnosos fue preservado y utilizado por los micénicos más tarde. También hubo una grave deforestación en la zona, lo que significa que los minoicos lograron superar la capacidad ambiental de la región[40]. Es probable que los minoicos ya estuvieran al borde del colapso antes de la erupción debido al despojo de recursos.

La interpretación de la Atlántida

La interpretación de la Atlántida del destino minoico se inspira en gran medida en la erupción de Thera que devastó Santorini y potencialmente Creta. Debido a que esta erupción generó suficiente fuerza para crear un tsunami masivo, algunos creen que el destino de los minoicos no solo inspiró el cuento moderno de la Atlántida, sino que también ocurrió. En muchos sentidos, la idea de que la civilización minoica se convirtió en la Atlántida es una teoría conspirativa, ya que no hay pruebas sólidas de una ciudad submarina secreta. Sin embargo, los arqueólogos e historiadores creen que los eventos que llevaron al colapso minoico fueron responsables del desarrollo de la narrativa atlante.

Los escritores griegos como Platón escribieron extensamente sobre una ciudad que fue envuelta por el mar y se hundió en el agua, pero es vago en detalles. Algunos documentos indican que ocurrió bajo los "Pilares de Hércules", montañas del golfo de Laconia, el golfo más meridional de la antigua Grecia (aunque otras fuentes apuntan a que los pilares estaban cerca de Malta, Sicilia o el estrecho de Gibraltar). El asentamiento que fue la inspiración de la Atlántida fue destruido, pero la retórica es vaga en cuanto a si realmente desapareció por

---

[39] Sinclair Hood, *The Minoans: Crete in the Bronze Age*, London: Thames & Hudson, 1971.

[40] .D.S. Pendlebury y Arthur Evans, *Handbook to the Palace of Minos and Knossos with Its Dependencies*, Kessinger Publishing, 2003.

completo en el agua o no. La mayoría de los académicos piensan que el lenguaje es solo una forma de licencia creativa y que la erupción de Thera, combinada con el colapso de la Edad de Bronce tardía y la caída de los minoicos, fue a lo que los griegos se refirieron cuando hablaron de la Atlántida[41].

Ya sea que uno suscriba la teoría de la conspiración o se apegue más a las interpretaciones académicas, está claro que la erupción de Thera fue quizás el evento más significativo que le sucedió a los minoicos. Aunque en última instancia, los micénicos provocaron su fin, se enfrentaron a un gran declive después de la erupción, perdiendo partes de su cultura e importantes asentamientos debido a un desastre natural aleatorio, más que a cualquier fallo o maldad personal.

---

[41] Spyridon Marinatos, *Some Words about the Legend at Atlantis* (2nd ed.), Athens: C. Papachrysanthou, 1972.

Conclusión - ¿Dónde están ahora?

Cuando se habla de civilizaciones antiguas, casi siempre hay una pregunta que prevalece en las mentes contemporáneas: ¿Qué les sucedió? Aunque esta pregunta puede estar relacionada con desapariciones misteriosas, también hay otra razón fundamental para la pregunta: A menudo, los individuos quieren saber si la civilización antigua podría ser sus predecesores o antepasados. Los profesionales modernos en los campos de la arqueogenética han pasado la última década trabajando para descubrir dónde los minoicos pasaron por el examen del material genético extraído de los esqueletos antiguos. Estos profesionales pueden comparar la información extraída del ADN mitocondrial para determinar si los minoicos fueron absorbidos por la civilización micénica y finalmente por los griegos, si se trasladaron a un nuevo lugar y se reprodujeron con un grupo de pueblos ya existentes (cambiando así los rasgos generales registrados en el ADN) o si, por el contrario, fueron aniquilados por una combinación de guerras y desastres naturales.

Si bien los estudios de los arqueogenetistas pueden responder a preguntas personales candentes, también pueden proporcionar una pista a otros profesionales sobre el movimiento de diferentes grupos de personas[42]. El campo de la genética, cuando se aplica a la historia, ha demostrado que la mayoría de los grupos de seres humanos son descendientes de unos pocos individuos específicos que portaban rasgos genéticos separados. Esta información es importante para determinar cómo se desarrollaron los diferentes grupos étnicos con genes y adaptaciones específicas. Aunque el ADN mitocondrial tomado de los minoicos no dice mucho sobre los rasgos distintivos, sí permite a los arqueólogos responder a la pregunta: ¿Dónde están ahora?

En 2013, un grupo de arqueólogos tomó ADN mitocondrial de una muestra de antiguos esqueletos minoicos que fueron encontrados sellados en una cueva en la meseta de Lasithi. Se desconoce lo que le pasó a los individuos, pero los huesos preservados datan de entre 3.700 y 4.400 años[43]. El equipo comparó el ADN mitocondrial minoico con muestras tomadas de residentes nativos de Grecia, Egipto, el norte de África en general, Anatolia y un amplio espectro de lugares de Europa occidental y septentrional. Los resultados del estudio indicaron que los minoicos compartían una genética similar con los cretenses modernos y los europeos neolíticos del norte y el oeste. Había pocas o ninguna similitud con las poblaciones egipcias o libias, lo que significa que los minoicos no se trasladaron al sur de África después del colapso de su civilización. Estas pruebas apoyan la idea de que los minoicos fueron absorbidos por las poblaciones del norte y que sus sucesores probablemente no abandonaron la isla de Creta. Según el coautor del estudio, George Stamatoyannopoulos, de la Universidad de Washington, "Ahora sabemos que los fundadores de la primera civilización europea avanzada fueron europeos. Eran

---

[42] A. Bouwman y F. Rühli, "Archaeogenetics in Evolutionary Medicine". *Journal of Molecular Medicine* 94 (2016): pgs. 971-977. doi: 10.1007/s00109-016-1438-8.

[43] Hughey, Jeffrey. "A European Population in Minoan Bronze Age Crete". *Nature Communications* 4 (2013): pg. 1861. 10.1038/ncomms2871.

muy similares a los europeos del neolítico y muy parecidos a los cretenses actuales"[44].

En 2017, se completó otro estudio de arqueogenética en un grupo separado de restos minoicos. Este trabajo concluyó que los minoicos estaban genéticamente relacionados con los griegos micénicos y tenían rasgos similares, pero no idénticos. El ADN fue entonces comparado con las poblaciones griegas modernas. Basándose en los resultados, los académicos pudieron concluir que los minoicos, micénicos y los antiguos griegos estaban todos relacionados y que las mismas cepas genéticas continuaron en la época contemporánea. En resumen, los minoicos siguen viviendo en la población griega moderna y en otras que provienen del Mediterráneo en el lado europeo.[45]

Puede ser difícil para la gente entender por qué las civilizaciones antiguas son importantes para el mundo moderno, especialmente cuando se trata de un grupo tan pequeño como los minoicos. Sin embargo, los minoicos allanaron el camino para pueblos como los micénicos, que luego influirían en la cultura de los antiguos griegos, que siguen siendo uno de los pueblos europeos más duraderos del mundo. Desde el punto de vista social, aprender sobre los minoicos puede demostrar que el mundo antiguo no era una masa sólida. Leer sobre las civilizaciones más antiguas puede hacer creer a la gente que los humanos se desarrollaron de una manera: agricultura pesada, roles estrictos de género, sociedades feudales y ejércitos masivos. Los minoicos desafiaron estos estándares ofreciendo una civilización basada en el comercio con casi los mismos derechos para hombres y mujeres, espacio para el progreso social, y una marina que pasó la mayor parte de su tiempo comerciando.

Sin los minoicos, la vida moderna no sería la misma en absoluto.

---

[44] Tia Ghose, "Mysterious Minoans Were European, DNA Finds". *LiveScience*, 2013.

[45] Brigit Katz, "DNA Analysis Sheds Light on the Mysterious Origins of the Ancient Greeks". *Smithsonia*.

Vea más libros escritos por Captivating History

Bibliografía

Adams, Ellen. *Cultural Identity in Minoan Crete: Social Dynamics in the Neopalatial Period.* New York: Cambridge University Press, 2017.

Betancourt, Philip B. *The History of Minoan Pottery.* Princeton: Princeton University Press, 1985.

Bourbon, F. *Lost Civilizations.* Barnes and Noble, Inc. New York, 1998.

Bouwman A. and Rühli, F. "Archaeogenetics in Evolutionary Medicine". *Journal of Molecular Medicine* 94 (2016): pgs. 971-977. 10.1007/s00109-016-1438-8.

Cameron, M.A.S.; Jones R. E. and Philippakis, S.E. "Scientific Analyses of Minoan Fresco Samples from Cnosos". *The Annual of the British School at Athens* 72 (1977): pgs. 121-184.

Carr, H. Graham. "Some Dental Characteristics of the Minoans". *Royal Anthropological Institute of Great Britain and Ireland* 60 (August 1960): pg. 119-122. https://www.jstor.org/stable/2797174.

Castleden, Rodney. *Minoans: Life in Bronze Age Crete.* New York: Routledge, 1993.

Cole, Sara. "The Wall Paintings of Tell el-Dab'a: Potential Aegean Connections". Pursuit - *The Journal of Undergraduate Research at the University of Tennessee* 1, no. 1 (2010).

D'Agata, Anna Lucia. "The Many Lives of a Ruin: History and Metahistory of the Palace of Minos at Cnosos". *British School at Athens Studies* 18 (2010).

Gillis, Carole and Nosch, Marie-Louise B. *Ancient Textiles: Production, Crafts and Society.* Oxford: Oxbow Books, 2007.

Ghose, Tia. "Mysterious Minoans Were European, DNA Finds". *LiveScience.* 2013.

Higgins, Reynold. *Minoan and Mycenaean Art.* London: Thames and Hudson, 1997.

Higgins, R. *The Aegina Treasure - An Archaeological Mystery.* London: 1979.

Hood, Sinclair. *The Minoans: Crete in the Bronze Age.* London: Thames & Hudson, 1971.

Hughey, Jeffrey. "A European Population in Minoan Bronze Age Crete". *Nature Communications* 4 (2013): pg. 1861. 10.1038/ncomms2871.

J.S. "Saffron and the Minoans". *Pharmacy in History* 47, no. 1 (2005): pg. 28-31. https://www.jstor.org/stable/41112251.

Jones, Bernice R. "Revealing Minoan Fashions". *Archaeology* 53, no. 3 (May/June 2000): pg. 36-41. https://www.jstor.org/stable/41779314.

Katz, Brigit. "DNA Analysis Sheds Light on the Mysterious Origins of the Ancient Greeks". *Smithsonian.*

Lobell, Jarrett A. "The Minoans of Crete". *Archaeology* 68, no. 3 (May/June 2015): pg. 28-35. https://www.jstor.org/stable/24364735.

Manning, Sturt W.; Ramsey, Christopher Bronk; Kutschera, Walter; Higham, Thomas; Kromer, Bernd; Steier, Peter; and

Wild, Eva M. "Chronology for the Aegean Late Bronze Age 1700-1400 B.C.". *Science* 28, no. 312 (2006): pg. 565-569. 10.1126/science.1125682.

Marinatos, Nanno. "Minoan Religion". Columbia: University of South Carolina.

Marinatos, Spyridon. *Some Words about the Legend at Atlantis* (2nd ed.). Athens: C. Papachrysanthou, 1972.

McCoy, Floyd W. and Heiken, Grant. "Tsunami Generated by the Late Bronze Age Eruption of Thera (Santorini), Greece". *Pure and Applied Geophysics* 157, no 157 (2000).

McEnro, John C. *Architecture of Minoan Crete: Constructing Identity in the Aegean Bronze Age.* University of Texas Press, 2010.

Molloy, Barry P.C. "Martial Minoans? War as Social Process, Practice and Event in Bronze Age Crete". *The Annual of the British School at Athens* 107 (2012): pg. 87-142. https://www.jstor.org/stable/41721880.

Noble, J.V. "The Wax of the Lost Wax Process". *American Journal of Archaeology.* 79, no. 4 (1975).

Pendlebury J.D.S. and Evans, Arthur. *Handbook to the Palace of Minos and Cnosos with Its Dependencies.* Kessinger Publishing, 2003.

Phillips, Jacke. "Egyptian Amethyst in the Bronze Age Aegean". *Journal of Ancient Egypt Interconnections* 1, no. 2 (2009). DOI:10.2458/azu_jaei_v01i2_phillips.

Preziosi, Donald & Hitchcock, Louise A. *Aegean Art and Architecture.* Oxford History of Art series, Oxford University Press, 1999.

Pulak, Cemal and Bass, George F. "Bronze Age Shipwreck Excavation at Uluburun". Institute of Nautical Archaeology.

Rose J.B. and Angelakis, A.N. *Evolution of Sanitation and Wastewater Technologies through the Centuries.* London: IWA Publishing, 2014.

Schofield, Louise. *The Mycenaeans.* J. Paul Getty Museum, 2007.

Sigurdsson H, Carey, S, Alexandri M, Vougioukalakis G, Croff K, Roman C, Sakellariou D, Anagnostou C, Rousakis G, Ioakim C, Gogou A, Ballas D, Misaridis T, & Nomikou P. "Marine Investigations of Greece's Santorini Volcanic Field". *Eos* 87, no. 3 (2010).

Thompson, James G. "Clues to the Location of Bull Jumping at Zakros". *Journal of Sport History* 19, no. 2 (1992): pg. 163-168. https://www.jstor.org/stable/43610538.

Tite, M.S.; Y. Maniatis; D. Kavoussanaki; M. Panagiotakic; J. Shortland; S.F. Kirk. "Colour in Minoan faience". *Journal of Archaeological Science* 36, no. 2 (2009): pgs. 370-378.

Warren, Peter. "Cnosos: New Excavations and Discoveries". *Archaeology* (July /August 1984): p. 48-55.

Weiner, Malcolm. "Realities of Power: The Minoan Thalassocracy in Historical Perspective". *AMILLA: The Quest for Excellence*, 2013. doi: http://www.academia.edu/30141237/_Realities_of_Power_The_Minoan_Thalassocracy_in_Historical_Perspective_AMILLA_The_Quest_for_Excellence._Studies_Presented_to_Guenter_Kopcke_in_Celebration_of_His_75th_Birthday_2013_pp._149_173

www.ingramcontent.com/pod-product-compliance
Lightning Source LLC
LaVergne TN
LVHW041649060526
838200LV00040B/1768